教師の**こんなことしたい!**を実現できる

ICT
"超かんたん"
スキル

和田誠
(執筆者代表)

井上嘉名芽

内田卓

梅下博道

黒川智子

田中忠司

長坂綾子

野中健次

松田純子

山田国枝

祐源愛

「分かりません」が
なくなる!

授業が
盛り上がる!

集中力が
高まる!

時事通信社

はじめに——
理想の授業を ICT で 実現しましょう！

● 先生方の「こんなことしたい！」を ICT の"超かんたんスキル"で叶えます！

・授業の導入で子どもたちを集中させたい
・クラス全員に意見を出してほしい
・誰もが役割を果たすグループ学習を実現したい
・子どもの質問にはすべて答えたい

　私たち教師は、誰もがこんな「願い」をもって、日々の教育活動に取り組んでいます。しかし、理想とは程遠く、授業についていけない子どももいれば、学級会やグループ活動の大多数は一部の子どもの意見だけで進み、さらに、教師も忙し過ぎて子どもと向き合う時間がなかなかとれないという現実もあります。改善したくても、これまで通りの授業をするのに手いっぱいです。

　しかし、こうした悩みを一気に解決し、教師の「願い」を実現する方法があります。それは、「ICT」を使うことです。こう聞いて、「機械は苦手」「新しいことなどやっている余裕なんてない」と感じた先生も少なくないでしょう。気持ちは分かります。本書の執筆陣は、2021 年 10 月時点で日本に約 40 人しかいない Google for Education 認定イノベーターなどを含む、ICT の達人たちですが、私を含めた全員が、最初はもちろん初心者でしたから。この本は、そんな私たちが、ICT に不慣れな人でもすぐに取り組めて、授業や校務を劇的に改善できる「超かんたんスキル」を紹介するものです。

執筆者代表　和田　誠

> ICT を使うためのマインドセット──
> # 先生、一緒に ICT を使って
> # 「失敗」してみましょう！

● ICT は「いつもちょっとトラブル」

「ICT は、いつもちょっとトラブルの略よ」

この言葉に、私は何度救われたことでしょうか。今から4年前、私が恐る恐る ICT に触れはじめた際、『Google 式 10X リモート仕事術』や『今すぐ使える！ Google for Education 授業・校務で使える活用のコツと実践ガイド』といった大ベストセラーの著者であるイーディーエル株式会社の平塚知真子さんがおっしゃっていた言葉です。

この本を手にとられている先生方の中には、押し寄せている GIGA スクール構想の大波に焦燥感に駆られながらも、「ICT はしっかり勉強しないと難しい」「完璧に分かっていないと授業で使うのは無理」と思って、なかなか第一歩を踏み出せずにいる人も多いのではないでしょうか。

少しだけ先に ICT の波に揉まれてきた私から、僭越ながらアドバイスをさせていただきます。

ICT について、完璧にマスターしよう、だなんて無謀です。

● 「完璧を目指す」マインドセットから脱却しましょう

スマートフォンで、アプリをダウンロードするサイトを見てみてください。日々新しいアプリが登場しています。その一方、いつのまにか消えていくアプリもあります。

ICT の中で、変わらないものなど、ほとんどないのです。よって早々に、「ICT について完璧に学ばなければならない」という、ご自身のマインドセットから

解放されたほうがいいでしょう。

　加えて、ダウンロードしたあとも、アプリは高い頻度でアップデートが繰り返されています。日々変化しているわけですから、昨日と同じように今日作動してくれるとは限らないわけです。ましてや精密機器でもあるPCやタブレットを使います。Wi-Fi環境だっていつも最適な状態とは限りません。様々な要因が絡み合あった上にICT環境は成り立つのです。ですから、「思い描いた通りに作動してくれたらラッキー」なのです。

　ちょっとトラブルが起こっても、動じない。別に、ICTを使うことが私たち教師の使命ではないはずです。私たちの使命は、目の前の子どもがイキイキと学ぶのをサポートすること。ICTがうまく動かないときには、従来通り黒板とノートで学びをサポートしてもいいではありませんか。

　「ICTは、いつもちょっとトラブル」。この言葉をお守りに、まず、私たち教師が自分自身に失敗を許すやさしさをもつことが必要だと思います。

●失敗を祝うGoogle社

　フェイルベル（fail bell）、という言葉をお聞きになったことはありますか？　Google社の文化の1つで、失敗を祝うというものです。2019年のGoogleイノベーター・アカデミーに参加した際、私は教えてもらいました。机の上に手持ちのベルがおいてあって、誰かが失敗したときにそのベルを鳴らして皆でその失敗を祝うのです。

　普段なら「しまった。恥ずかしい！　誰にも気づかれませんように」と思ってしまう失敗を、

Googleイノベーター・アカデミーのデスクにおかれている「フェイルベル」。

「おめでとう！ これであなたは経験を積めたね」「おめでとう！ あなたの失敗のおかげで、私たちも学べたよ」と言ってもらったとき、私のそれまでの常識は崩れました。あぁ、いいんだ、失敗して。そう思えたのです。

まさに ICT を活用するとき、自分自身にも、そして、周囲にも、このフェイルベルの精神が大事になると、私は感じます。できないことは恥ずかしいことではないのです。知らなければ聞けばいい。それは周囲の先生でも、子どもにでも。

●ときには子どもが先生です

ICT を授業で利用するようになって、何よりも驚かされたのが、子どもたちの順応性の高さです。「デジタル・ネイティブ」とはこのことか、と痛感しました。新しいツールでも、1・2回使えば、もう自分のものにしてしまいます。「先生、こうしたらもっと便利ですよ」と教えてもらったことも多々あります。

私たち教師はアプリの開発者ではありませんし、トラブルシューティング専門でもありません。子どもが ICT ツールの先生になってくれたっていいではありませんか。子どもと教師が「ありがとう」と言い合いながら授業をしている様子は素敵だと思いませんか。

いかがでしょうか。少し気持ちを楽にしていただけたでしょうか。私自身、今も、これからもずっと知らないことだらけだと思います。けれども、一人じゃない。そう思えるから進んでこられました。

一緒に ICT を使ってみませんか？

祐源　愛

もくじ

この本の使い方

教師の「願い」ごとにスキルを分類しています。

スキル名です。

教師の「困りごと」を、ICTを使ってどう解決するのかを解説しています。

本書のスキルは、特に断りがない限り、インターネットに接続できるPCとタブレットのどちらでも実践可能なものを紹介しています。そのため、特別な場合を除き、「クリック」や「タップ」といった用語はすべて「押す」と表現しています。

まずはここから！　超入門スキル

3　子どもの意見が一瞬でわかる
「赤青カードで意思表示」

こんな「困った」ありませんか？

● **子どもたちの主張がまとまらない！**

「主体的・対話的で深い学び」が求められています。そのためにも、端末は学習者主体で活用したいものです。そこで重要なのは、端末の利用ルールを、学級・学年・学校ごとに子どもたちが主体となって決めること。

「休み時間の端末の使い方で、グレーなものについて話し合います。休み時間にスクラッチを使ってもいいと考えている人は手を挙げてください」

学級会でも、グレーゾーンの議題は討論が難しいものです。意見を言いたい子どもは指名されるまで挙手を続けて、挙手が苦手な子どもはキョロキョロ見ているだけで、なんだかクラスにはモヤモヤした雰囲気が漂います。結局、「挙手→指名→発表→板書」を繰り返す学級会では、意見がまとまらず、教師が口をはさんで結論を決めるなんてこともあります。

ICTでこんな授業に変わる

● **クラス全員の意見が一瞬で分かる**

司会者が、「『ロイロノート』で、賛成なら青、反対なら赤のカードを出してください」と声をかけたら、一人一人が端末から赤もしくは青のカードを提出します。子どもたちの意見は端末などにリアルタイムで「見える化」されていくので、参加している全員の考えを視覚的にみんなが知ることができます。続いて、なぜそう思ったのかもカードに書いて提出させます。この方法だと、低学年で、文字入力が苦手でも、積極的に意思表示をすることができます。

18

注意・必ずお読みください

●本書の内容は、2021年9月時点の最新情報をもとにしています。お使いの機種やOS、アップデートの状況によっては、操作方法や表示画面が異なる場合もあるので、ご了承ください。

●インターネット上の情報は、URLやサービス内容が変更される可能性があるので、ご注意ください。

●本書は、ICTを活用した実践の紹介のみを目的としています。本書の実践を運用する際は、必ずお客様自身の責任と判断でおこなってください。本書の利用によって生じる直接的・間接的な運用結果について、時事通信社と著者はいかなる責任も負いません。

使用するアプリやツール（授業支援アプリを除き、無料で活用できるものを選定しています）。特定のものを使用しないスキルでは省略しています。

アプリやツールにアクセスするための QR コードを掲載しています。特定のものを使用しないスキルでは省略しています。

実践する際のコツをまとめています。

スキルのやり方は「準備編」→「実践編」→「展開編」に分けて紹介しています。

ロイロノートのログイン操作など、多くのスキルで共通する操作は、初出のみに記載し、そのほかは省略もしくは参照ページを示しています。

使う
ツール

かんたんに
明できる！

クラス全体の意思を
確認した後で
話し合いができる！

実践のポイント
・色のカードを短い時間で提出させることで、意見を瞬時に把握できる。
・どうしてそう思ったのか、理由も考えてカードに書かせる。
・理由は簡潔に書くように促し、みんなが読みやすいようにする。

「赤青カードで意思表示」のやり方

STEP 1 準備編

ロイロノートでカードを提出する「提出箱」をつくる（P12 参照）。

「回答共有する」を押す。これにより、子どもから提出されたカードが、全員の端末に表示されるようになる。

①ここを押して
回答共有する

②「OK」を押す

19

STEP 3 展開編

❶提出された意見をもとに、一人一人の考えを視覚的に捉えながら子どもたちに話し合わせる。

❷子どもたちが、みんなで相談し合うことで、よりよい方法について合意を形成したまとめを生み出していく。

応用編

・話し合いが進むと意見が変わる子どももいる。他人の考えに触れて考えが変わったり確信がもてたりした場合は、再度カードを提出させてもよい。
・賛成、反対の色のほかに、その他の意見の色を加えて、三択にしても話し合いは深まる。
・ロイロノートがない場合、Google Jamboard や Microsoft Whiteboard などの無料の共有ツールでも同じことができる。その際、背景に出席番号を記載し、子どもたちがカードや付箋を置く場所を決めておくと、活動がスムーズ。

実践者からのワンポイントアドバイス
活発に意見交換をおこなうことができるクラスでも、人前で発表できる子どもは限られてしまいます。しかし、「赤青カードで意思表示」を使えば、躊躇することなく意見を表明できます。また、子どもたちはクラス全員の意見や回答を手軽に共有でき、自分の考えが多数派なのか少数派なのか、すぐに理解できます。さらに、「挙手→指名→発表→板書」という一般的な流れよりも効率よく、全員に意思表示の機会が保障されることで、所属感や主体性も高まり、活動も深まっていきます。　　　　　（内田）

21

同じスキルや似たスキルを使った、発展的な実践を紹介しています。

実践するにあたっての執筆者からのアドバイスです。

1 オンラインでデジタルプリントを受け渡しする
「提出箱」

こんな「困った」ありませんか？

● 悩ましい「先生、プリントを忘れました」の声

　日々の授業では、たくさんのプリントを配布します。4時間の授業ごとに30人の子どもたちに1枚ずつ配布すれば場合、これだけで1日に120枚の紙を使います。これが1ヵ月になれば……と考えると、大変な紙の量です。子どもがせっかく取り組んだプリントを紛失することがあっても、決して不思議ではありません。

　一方、これまで教師は、放課後に子どもが提出したプリントを1枚ずつ確認し、手帳に記入するといった「点検」に、多くの時間と手間をかけてきました。もうこんな煩わしくて非効率な作業、やめにしませんか。

ICTでこんな授業に変わる

● 子どもたちの集中力が保てる

　デジタルプリントを配布・回収すれば、一気に解決できます。授業中に子どもたちが、後ろの席にプリントを送る必要もなくなり、注意がそがれることもなくなります。

● 子どもたちのプリントや課題の提出率が断然上がる！

　子どもたちが提出したプリントは、大型提示装置にリアルタイムで投影することができます。また、宿題のプリントもデジタルで配布すれば、子どもは取り組み終わった時点ですぐに提出できるので、提出漏れが断然減ります。

ロイロノート

子どもたちの提出物がすべて端末に
入るため管理も楽ちん！

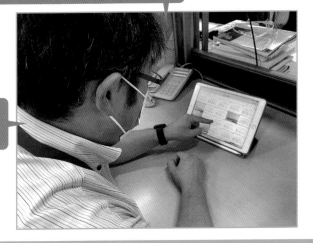

ICT を使った
授業の基本技！

実践のポイント

- プリントは書き込みやすいように余白に余裕をもたせる。
- 提出期限が短いと提出率が下がるので、締め切りには余裕をもたせて授業時間
  後にも提出できるようにする。
- 教師が確認したことを子どもに伝えるために、サインや簡単なコメントをつけ
  て返却する。

「提出箱」のやり方

STEP 1 準備編

❶ロイロノートにログイン後、「授業」を
選び「ノート」を作成もしくは選択する。

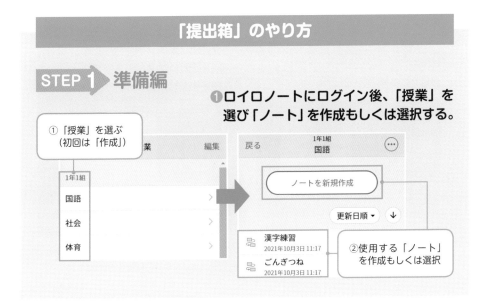

❷出てきた画面の「提出」を押す
と子どもがプリントを送る「提
出箱」を作成するコマンドにな
るので、「新しい提出箱を作る」
を押す。

① ここを選択　　② ここを押す

❸「提出箱 A」を押し、任意のタ
イトルに変更。また、時間を押し、
提出期限を設定する。画面上の
「戻る」ボタンを押すと元の画面
に戻る。

ここを押して
タイトルを変更

ここを押して
提出期限を変更

STEP 2 実践編

❶子どもたちに送りたいデジタル
プリントを、「送る」ボタンにド
ラッグ＆ドロップして送り先を
選択し配信。

プリントを長押しして「送る」に
ドラッグ＆ドロップ

❷子どもが教師に書き込んだデジ
タルプリントを返す際は、「提出」
にドラッグ＆ドロップ。

プリントを長押しして
「提出」にドラッグ

❸すると、提出先を選択する画面になるので、提出するフォルダを押す。

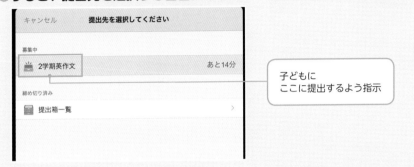

子どもに
ここに提出するよう指示

STEP 3 展開編

・子どもがデジタルプリントを提出
すると、教師の「提出箱」の画面
に一覧表示される。

実践者 からの **ワンポイント アドバイス**

　私は2020年3〜5月にかけてコロナ禍で学校
が休業を余儀なくされた際、オンライン授業を実施
した後に、課題をオンラインで提出箱に提出するよ
う指導しました。普段は課題をなかなか提出しない
子どもも、オンラインだと期限内に提出できるなど
の発見がありました。現在では、予習ノートや小テ
スト、授業プリントなど、子どもが取り組んだもの
はすべて授業の提出箱に入れるように指導していま
す。「習慣づけ」が大切だと感じています。　（田中）

2

子どもたちの意見をクラス全体で共有する
「提出箱の回答共有」

こんな「困った」ありませんか？

● 数人の子どもの「意見」だけで授業が進む

「では、意見を言える人、発表してください」。授業でこう呼びかけても、手を挙げるのは、いつも決まった数人ばかり。しかも、そこで出てくる意見は、教師が授業を進める上で、ある意味「模範的」なもの。決して悪いわけではないのですが、そうした一部の模範的な意見だけで授業を進めると、ほかの子どもは、なんだか授業の「見学者」のようで、集中力が途切れがちです。

ICTでこんな授業に変わる

● 提出箱を設置して、子どもたちの意見を共有！

ロイロノートで「回答共有」すれば、クラス全員の提出物を、大型提示装置と子どもたちの手元の端末に投影することができます。30人のクラスならば、全員が30人分の意見を知り、授業に参加することができます。

● 子どもたちが自然と対話するようになる！

提出物を共有することによって、子どもたちは、比較や気付き、新しい考えとの出会いなど、新たな「発見」をすることができます。また、自分の提出物に足りていなかったことなどを追記することも可能なので、さらに考えを深めようとします。

質問がある場合は、自分からクラスメイトに話しかけるなど、対話も発生します。提出物から、子どもたち同士の「学び合い」が教室内で起こります。

使う
ツール

SCHOOL
ロイロノート

みんなの意見を
くらべてみよう！

大型提示装置の他、
子どもの手元の
端末でも見られる！

実践のポイント

- 自分の考えを、時間内でまとめることを促す。
- 回答共有後は、質問や聞きたいことがあれば、自由に対話してもよいと伝える。
- 提出したカードに、さらに追加したことがあれば、さらにブラッシュして再提出してもよいと伝える。

「提出箱の回答共有」のやり方

STEP 1 準備編　　※「シンキングツール」を使って子どもに意見を出させる方法です。

❶ ロイロノートで画面左のメニューから「シンキングツール」を選択。

これを選択

ここから
使うカードを
選ぶ

②① で選んだカードを押すと「＋」が表示される。これを押すと、「カード in カード」ができるカードを選べる。

①ここを押す

②ここからカードを選び、表示される「カード内に」というコマンドを選択

③② で選んだカードに、授業に必要な情報を入れて、質問カードを事前に作成しておく。

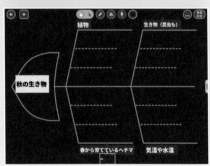

STEP 2 実践編

① STEP1 で作成した質問カードを子ども全員に送る（P12 参照）。

② 子どもたちに質問への回答をカードに記入させ、提出箱へ提出させる（P12 参照）。

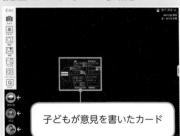

子どもが意見を書いたカード

STEP 3 展開編

❶子どもたちが回答を提出したら、提出箱の「回答共有する」を押すと、子どもたち全員が手元の端末で提出箱内のカードを見られるようになる。ここで、子ども同士の対話や、自分のカードへの追記を促す。

ここを押す
回答共有する

応用編

・授業中に提出物を回答共有するだけでなく、自主学習の成果物の提出でICTツールを普段使いすると、子どもたちはお互いの提出物に刺激を受け、写真や動画などを使って、よりわかりやすくまとめて提出するようになる。学習の成果物だけでなく、絵などの作品、家庭で食べた料理、日常生活の疑問、調べ学習で作成した資料などを共有することもできる。

実践者
からの
**ワンポイント
アドバイス**

　提出物の提出～回答共有という一連の流れを通じて、「自分で情報を集める」「比較する」「整理する」「表現し発信する」といった「情報活用能力」を育成することができます。

　また、子どもたちが、自ら意見を発信すること、提出物をお互いに見せ合うことで、自然と対話する機会が生まれます。これが「主体的な学び」にもつながっていきます。　　　　　　　　　　　　（梅下）

3

子どもの意見が一瞬でわかる
「赤青カードで意思表示」

こんな「困った」ありませんか？

● 子どもたちの主張がまとまらない！

「主体的・対話的で深い学び」が求められています。そのためにも、端末は学習者主体で活用したいものです。そこで重要なのは、端末の利用ルールを、学級・学年・学校ごとに子どもたちが主体となって決めること。

「休み時間の端末の使い方で、グレーなものについて話し合います。休み時間にスクラッチを使ってもいいと考えている人は手を挙げてください」

学級会でも、グレーゾーンの議題は討論が難しいものです。意見を言いたい子どもは指名されるまで挙手を続けて、挙手が苦手な子どもはキョロキョロ見ているだけで、なんだかクラスにはモヤモヤした雰囲気が漂います。結局、「挙手→指名→発表→板書」を繰り返す学級会では、意見がまとまらず、教師が口をはさんで結論を決めるなんてこともあります。

ICT でこんな授業に変わる

● クラス全員の意見が一瞬で分かる

司会者が、「『ロイロノート』で、賛成なら青、反対なら赤のカードを出してください」と声をかけたら、一人一人が端末から赤もしくは青のカードを提出します。子どもたちの意見は端末などにリアルタイムで「見える化」されていくので、参加している全員の考えを視覚的にみんなが知ることができます。続いて、なぜそう思ったのかもカードに書いて提出させます。この方法だと、低学年でも、文字入力が苦手でも、積極的に意思表示をすることができます。

使う
ツール

SCHOOL
ロイロノート

カードでかんたんに
意思を表明できる！

クラス全体の意思を
確認した後で
話し合いができる！

実践のポイント

● 色のカードを短い時間で提出させることで、意見を瞬時に把握できる。
● どうしてそう思ったのか、理由も考えてカードに書かせる。
● 理由は簡潔に書くように促し、みんなが読みやすいようにする。

「赤青カードで意思表示」のやり方

STEP 1 準備編

❶ ロイロノートでカードを提出する「提出箱」をつくる（P12 参照）。

❷「回答共有する」を押す。これにより、子どもから提出されたカードが、
全員の端末に表示されるようになる。

①ここを押して
回答共有する

② 「OK」を押す

❶テーマや議題について、自分の考えをまとめ、「賛成」の場合は青色の
カード、「反対」の場合は
赤色のカードを提出箱に
送らせる。カードは、メ
ニューから「テキスト」
を選択して子どもに作成
させる方が早い。

●カードのつくり方

ロイロノートの左端に並
んでいるアイコンから、
「テキスト」を選択。表示
されたカードの中から赤
と青を選ぶ。

ここを選ぶ

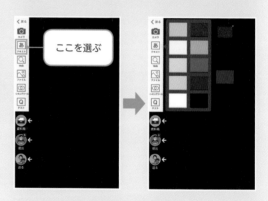

❷子どもたちが提出箱に
カードを提出すると、結
果が子どもの端末と教室
前方の大型提示装置に表
示される。確認後、なぜ
そう思ったのかを書いた
カードを提出させる。

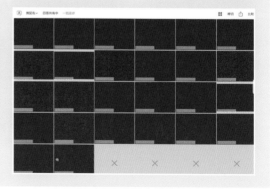

STEP 3 展開編

❶ 提出された意見をもとに、一人一人の考えを視覚的に捉えながら子どもたちに話し合わせる。

❷ 子どもたちが、みんなで相談し合うことで、よりよい方法について合意を形成したまとめを生み出していく。

応用編

・話し合いが進むと意見が変わる子どももいる。他人の考えに触れて考えが変わったり確信がもてたりした場合は、再度カードを提出させてもよい。

・賛成、反対の色のほかに、その他の意見の色を加えて、三択にしても話し合いは深まる。

・ロイロノートがない場合、Google Jamboard や Microsoft Whiteboard などの無料の共有ツールでも同じことができる。その際、背景に出席番号を記載し、子どもたちがカードや付箋を置く場所を決めておくと、活動がスムーズ。

実践者からのワンポイントアドバイス	活発に意見交換をおこなうことができるクラスでも、人前で発表できる子どもは限られてしまいます。しかし、「赤青カードで意思表示」を使えば、躊躇することなく意見を表明できます。また、子どもたちはクラス全員の意見や回答を手軽に共有でき、自分の考えが多数派なのか少数派なのか、すぐに理解できます。さらに、「挙手→指名→発表→板書」という一般的な流れよりも効率よく、全員に意思表示の機会が保障されることで、所属感や主体性も高まり、活動も深まっていきます。　　　　　　（内田）

4 昨年度までの教材を再利用すればOK！　子どもが飛びつく 「超かんたん教材デジタル化」

こんな「困った」ありませんか？

● **端末対応の教材をつくる時間がない！**

　GIGA スクール構想で、端末は導入されたけど、毎日超が付くほど多忙の中、端末に対応した教材づくりをゼロからする時間なんて全然ない！　そもそも、どうやって教材をつくればいいか分からない。こんなふうに思って、そっと端末を机の引き出しの中にしまい、これまで通りのアナログの教材を使っている教師も、実は少なくないのではないでしょうか。

ICT でこんな授業に変わる

● **アナログ教材をそのまま端末に読み込むだけ！**

　でも実は、端末が入ったからといって、わざわざ、教材を新しく考えてつくったり、時間やお金をかけて準備したりする必要はまったくありません。今までプリントして配っていた教材を、そのまま使えばいいのです。

　これまで使っていた教材のデータやプリントを、端末の授業支援ソフトで読み込めば、ボタン一つで子どもたちにいっせい配布したり回収したりできるデジタル教材として、じゅうぶん活用できます！

● **デジタルだと子どもは驚くほど熱中する！**

　たとえば、昨年度まで使っていたプリントやアナログの自作教材だとしても、数字などを少し書き換えてデジタル化するだけで、子どもたちは端末を操作するおもしろさもあるので、飛びついて熱中します。

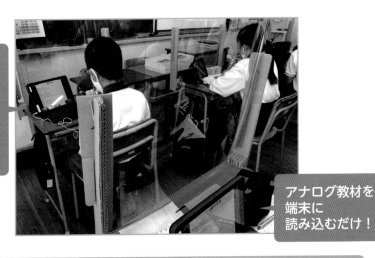

同じ教材でも、デジタルで配布したほうが子どもが熱中する！

アナログ教材を端末に読み込むだけ！

実践のポイント

- 新たに授業準備の負担が増すことなく、再利用や少しの変更で使える教材はたくさんあります。
- 今までつくったや教材だけでなく、学校のサーバーにある共有の教材が「宝の山」に！
- 同じ学年や教科の先生と教材を共有すれば、さらに「富士山」に！

「超かんたん教材デジタル化」のやり方

STEP 1 準備編

❶ WordやPowerPointなどでつくった問題やプリントの内容を、少しだけ改編する。

❷ 印刷物しかない場合は、スキャナで読み込んでPDFや画像化してもOK。

STEP 2 実践編

❶ Word の場合タブの「ファイル」を押すと、下のような画面になるので「エクスポート」を選択する。

①ここを押す

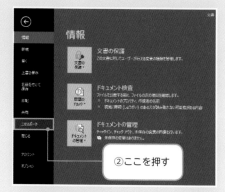

②ここを押す

❷ すると、「PDF/XPS ドキュメントの作成」というコマンドが出るので押す。

ここを押す

❸ 保存先を選択し、「ファイルの種類」で PDF を指定すると、PDF ファイルが生成される。

①ここで PDF を選択

②ここを押すと
PDF ファイルができる

STEP 3 展開編

❶ PDF や画像化したデータを、授業支援ソフト（写真のアプリは「ロイロノート」の「資料箱」）に保存しておけば、授業中に大型提示装置に掲示して教師が読み上げたり、子どもに配布したり、いろいろな場面での活用ができる。

これを選択

資料箱に保存するデータを選ぶ。
「ノート」に取り込まれたら
「資料箱」にドラッグ＆ドロップ

応用編

スマホやタブレットの「メモ機能」など使うと、資料の文字がテキストデータとして保存されるので他のシステムで書き出し、利用することもできる。また、iPad なら「メモ」についているスキャン機能を使用して、書類を読み込めば PDF として保存も可能。

＊メモアプリでの書類のスキャン機能は、「iOS11」以降搭載の iPad で利用できる。

実践者
からの
**ワンポイント
アドバイス**

　紙のドリルだとなかなか取り組まない子どもでも、デジタル化されたドリルだと、喜んで取り組むことがあります。指のタッチ操作で答えを書き込むことができる教材から、キーボードで入力できるような教材まで、アナログな教材を一度デジタル化しておけば、少し変更するだけで、その後長く使える教材に変身しますよ。
（黒川）

5 子どもの興味や理解を一瞬で把握する
「いきなりアンケート」

こんな「困った」ありませんか？

● 子どもたちの本音が分からない！

「最初に質問です。教科書にアメリカ、中国、ブラジル、サウジアラビアについて説明がありますね。これらの国の中で、住みたい国を1つ選んでみよう！

じゃあ、『アメリカ』だという人。1、2、3……12人ですね。次は『中国』。はい、1、2、3……、10人。次は『ブラジル』……」

こんな発問をして挙手した人数を数えている教師。子どもたちは周りの様子が気になって周囲をキョロキョロ。結局、自分の意見を表明するのではなく、他人の意見に流され何となく手をあげている、こんな場面はありませんか。

ICTでこんな授業に変わる

● 子どもたちの意見が「見える化」される

教師が、事前に準備したオンライン上のアンケートを子どもの端末に送ります。「どれか1つの国を選んで、1分間で投票してね」と呼び掛けます。投票は大型提示装置にリアルタイムで「見える化」されていくので、教師がその様子を実況中継すると、盛り上がり、興味関心を引き出せます。

● 子どもの集中力が断然上がる！

教師は、子どもたちの興味関心や理解度について、ある程度、把握をしてから授業の本題に入ることができます。子どもたちにとっては、自分のイメージが正しいのか、期待と緊張感をもって授業に入るので集中力が高まります。

使う
ツール
mentimeter

Q どの国にいきたいですか？

クラスの
子どもたちの
意見が
一目で分かる！

導入で
盛り上げて
集中力を
up!

実践のポイント

- どうしてそう思ったのか、理由を考えてから投票するように促す。
- １分間など、短い時間で投票させてメリハリを保つ。
- グラフは保存しておき、授業の中盤や終盤でも投影し、学びの内容と結び付ける。

「いきなりアンケート」のやり方

STEP 1 準備編

❶ Mentimeter のサイトからログイン
（初回は「Sign up」からユーザー登録）。

ここから
ログイン

初回はここを
選択

❷「New Presentation」を押す。

押す

+ New presentation

❸ 下の画面になるのでプレゼン
テーションの名前をつける。

①名前を入力

②押す

❹ グラフの形式を選ぶ。

ここから選ぶ

❺ グラフが表示されるので、「Your question」の欄に教師からの質問
を、「Option」の欄に、子どもが選ぶ選択肢を入力する（入力後自動
保存される）。

選択肢を増やす際にはここを
クリック

STEP 2 実践編

❶ 右上の Share ボタンを押してアンケート画面へのリンクをコピーし、
子どもたちに送る（QR コードでも可）。リンクはメールのほか、ロイ
ロノートなどでも送ることができる。

①ここを押すと
「Voting link」欄に
リンクが表示される

②この URL をコピー＆ペースト
して子どもに送る

❷子どもたちがリンクを押すと、アンケートが表示される。

STEP 3 展開編

❶子どもたちは手元の端末でアンケートを入力。

❷子どもがアンケートの「Submit」ボタンを押すと、教師の端末に結果がリアルタイムで反映されていくので、大型提示装置で表示する。

ここを押すとグラフが全画面表示される

実践者
からの
ワンポイント
アドバイス

　自分の意見に自信がないと、子どもたちは教師の発問になかなかレスポンスできません。しかし、ICTを使えば、臆することなく意見を表明できます。また、グラフで投票結果から子どもの問いや興味を教師が引き出すことができれば、子どもたちはさらに集中力高めてその後の授業に参加していくようになります。

（和田）

6 前時の授業の「振り返り」が超盛り上がる！
「チームで振り返りテスト」

こんな「困った」ありませんか？

● 一部の子どもしか「振り返り」に付いてこない

同じ単元の授業の導入時には、多くの教師が「前回の授業では……」ではじめます。姿勢を正して授業に集中している子どもがいる一方で、「授業に向けた気持ち」が整わず、置き去りになっている子どもも少なくないのではないでしょうか。

ICTでこんな授業に変わる

● 子どもたちの絆が深まる

この「振り返りテスト」では、チームで協力して、前時の授業内容についてのクイズに答えていきます。チームは、自動でランダムに振り分けられる上に、チーム内での回答順もランダムで自動的に指定されるので、協力してコミュニケーションをとることが大切になります。楽しくゲーム感覚で振り返りをおこなっているうちに、子どもたちの絆も深まります。

● 授業に対する心構えができる

チームの回答状況は、大型提示装置にリアルタイムで「見える化」されていくので、教師がその様子を実況中継すると、盛り上がり、興味関心を引き出すことができます。

出題される問題を、その後に展開される授業に関連づけたものを設定しておくことで、振り返りを通して授業の流れを自然につかむこともできます。

子ども同士の
コミュニケーションも
深まる！

ゲーム感覚で
振り返りが
できる！

実践のポイント

- 教師が実況し、雰囲気を盛り上げる。
- 回答に困っている子どもには、チームの子どもからヒントを投げ掛けさせるようにする。

「チームで振り返りテスト」のやり方

STEP 1 準備編

❶ Quizlet のサイトからログイン（初回は新規登録で学校とクラスを設定）。

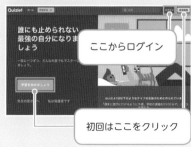

ここからログイン

初回はここをクリック

❷ 「作成する」から「学習セット」を選択し、テストのフォーマットを作成する。

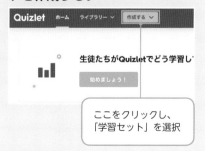

ここをクリックし、
「学習セット」を選択

❸タイトルと説明を入力。その後画像の②を押すと、クイズの設問と解答を入力する画面に移る（入力内容は自動保存される）。

❹画像のように、「単語」には設問を入力。その後「Tab」もしくは「カンマ」を入れ、「定義」には解答を入力する。最後に「インポート」を押す。

❺すると下の画面に戻る。「言語の選択」をして「作成する」を押してテストのフォーマットが完成。

❻「ホーム」タブを押し、作成したテストを選ぶ。ここでは「単語テスト20210506」を選択。

❼画像のような画面が立ち
上がるので左側の「Live」
を選ぶ。
※学校とクラスを登録し
ていないと「Live」は表
示されない。

❽チーム編成の方法として
「ランダム形式」を選ぶ。

❾子どもたちに見せたい質
問と解答の組み合わせを
選ぶ。画像では、英単語
から日本語を選ぶか、日
本語から英単語を選ぶか
の２パターンが表示され
ている。

STEP 2 実践編

❶ STEP 1 の **❾** を選ぶと６ケタ
のコードと QR コードが
表示される。子どもに QR
を読み込むか Quizlet の
サイトから６ケタのコー
ドを入力させる。

❷ 以下の画面が出たら、子どもが
名前を入力し、「ゲームに参加」
を選ぶ。

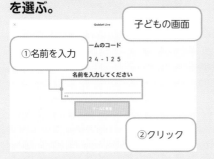

子どもの画面

①名前を入力

②クリック

❸ クラス全員の名前が表示された
ら、教師は「ゲームの作成」を
選ぶ。

押す

ここに名前が
表示される

❹ 子どもたちはランダムでチーム分
けされるので、子どもたちにゲーム
をはじめる旨を知らせて、「ゲーム
を開始」を押す。

ランダムに
チーム分けされる

押す

STEP 3 展開編

❶ゲームがはじまったら、子どもたちはチーム内で指定された順番に回答していく。教師の画面には、チームの取り組み状況が表示されるので、大型提示装置に投影してもよい。

教師の画面

❷先に全問正解したチームが教師と子どもの画面に表示される。ゲームを終えたチームの子どもが「統計を見る」を選ぶと、クイズで学習したことや正答率が見られるので、振り返りができる。

子どもの画面

ここを押すと振り返りができる

実践者からのワンポイントアドバイス

　暗記系の学習には時間と忍耐が必要です。特に興味のない科目だといやいや取り組みがち。テストのために一夜漬けで覚え、テスト後はすっかり忘れてしまう……。ICT を使えば、授業内でそれほど多くの時間をかけることなく、クラスみんなで楽しみながら学ぶ機会をつくれます。

　また、数学や理科など、計算をともなうクイズも、チームで取り組むことで子どもたちのあいだでコミュニケーションが生まれます。　　　　（田中）

7

子どもたちに一瞬で指示が伝わる
「魔法の言葉」

こんな「困った」ありませんか？

● ICT 導入後、子どもたちが端末ばかりに気をとられている

　GIGA スクール構想の実現後、子どもたちに一度端末を操作させると、いつまでも iPad やパソコンの画面を見て、キーボードに触れたり、マウスをいじったり、まったく教師の話を聞いていない雰囲気に。こんなのだったら、端末導入なんて、なければよかったのに……と嘆いている教師もいるようです。

　こうした「困った」について、子どもがけじめをつけて、教師のほうに目を向けて話を「聴くモード」にする方法を2つ紹介します。

ICT でこんな授業に変わる

● 方法①大型ディスプレイで1枚のスライドで提示！

　事前に、授業の約束事として、右ページ上の写真のスライドが出たら、「一旦活動を止め、画面を閉じて、先生の方を見ること」をクラスに伝えておきます。すると教師が大きな声を出さなくても、自然と子どもたちは、教師の話を「聴く」ようになります。

● 方法②スライドと同時に先生は「フラット」の言葉をかける

　端末の画面が見えていたら、子どもたちは気になるものです。そこで、教師の話を「聴く」ときには、画面を閉じて、机の上で「フラット」の状態で一旦おかせます。これで画面を見続けたり、キーボードを触り続けたりすることはなくなります。

この画像が出たら
話をやめて、
タブレットは
机に置く約束

実践のポイント

- 子どもたちに約束事を事前に伝えておく。
- 何度も繰り返すことで、子どもたちはできるようになる。
- 子どもたち同士で声を掛けあうなどの習慣を付けて、なるべく子どもたちの自主性に任せる。

「魔法の言葉」のやり方

STEP 1 準備編

❶ Keynote やパワーポイントなど、プレゼンテーションソフトで、スライドを一枚作成する（以下、本稿では Keynote での例を紹介）。

ここを押しスライドを作成

❷「注目」と書いたスライドを 1枚作成する。画像は、フリー素材「いらすとや」で作成したスライドの例。その後「スライドショー」を表示する。

❸スクリーンショットを以下の方法でとり、画像としてデスクトップに保存する。
・Windows PC：「Windows」キーを押しながら「PrintScreen」
・Mac PC：「Shift」「Command」「3」を同時に長押し
※タブレットでのスクリーンショットは機種ごとに異なる

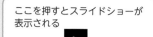
ここを押すとスライドショーが表示される

スクリーンショットをとることで、「全画面表示」ができる画像ができる

❹❸で作成した画像を立ち上げ、大型提示装置に映るか、試しておく

STEP 2 実践編

❶授業の最初に、STEP 1 の❹の画像を見たら、端末操作をやめるという約束を確認しておく。

STEP 3 展開編

❶授業中、どうしても指示が必要な時に、スライ
ドを提示する。同時に「フラット」を教師が言
うことで、子どもたちは自然と話を「聴く」よ
うになる。

応用編

・子どもたちが成長してきたら、スライドなしで、教師からの「フラット」だ
けでけじめをつけて切り替えることにチャレンジもできる。子どもたちがメ
リハリをつけて端末を使い、学校生活が送ることができればベスト。

実践者 からの ワンポイント アドバイス	先生たちから、授業中の切り替えがなかなかでき ない……と相談されることがあります。子どもたち と一緒に、約束事をつくり、気持ちよく学習を進め る１つの方法です。何度も使うと子どもたちの活動 が進まないので、授業中に１回ぐらいが効果的で す。何度か繰り返すうちに、子どもたちも慣れてき て、すぐに教師の話を聞く態勢がとれるようになり ます。子どもたちが成長したら「端末といい付き合 い方ができているね」と声をかけ、一緒に楽しみな がら使っていけるのが理想です。　　　　（梅下）

8

みんなで意見を書いて貼って分類する
「デジタル付箋」

こんな「困った」ありませんか？

● 「KJ 法」の欠点を何とかしたい！

　付箋や模造紙にキーワードを書いて、分類・整理する「KJ 法」。子どもたち
の意見を引き出し、考えを深めるのに役立つため、授業でもよく取り入れられて
います。でも、グループワークで自分の意見を出すのが難しかったりする子ども
や、漢字が分からないなどのちょっとした理由で文字を書けずにモジモジしてい
る子どももいます。また、大量に紙を消費する上に、保管しづらいのも難点です。

ICT でこんな授業に変わる

● デジタルなら欠点をすべてカバー

　Google Jamboard を使えば、一人一台の端末上を通じて付箋に書き込ん
でグループで共有し、貼って移動することができます。リアルタイムで目の前
の端末の画面や大型提示装置での共有が可能です。背景に図を設定することも
できるので、どのように子どもたちに分類させるのか、授業者の意図した通り
の授業が展開しやすくなります。

● 遠隔でもグループワークができる

　子どもたちは必ずしも教室にいる必要はありません。環境さえあれば子ども
が家にいながらグループ学習もできます。不登校や保健室登校の子どももリア
ルタイムで参加可能です。不登校支援のあり方が変わる可能性もあります！

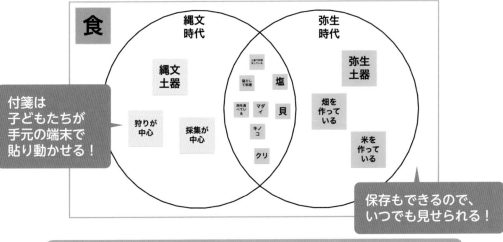

付箋は
子どもたちが
手元の端末で
貼り動かせる！

保存もできるので、
いつでも見せられる！

実践のポイント

● 画面上に付箋を作成したらすぐに移動する。そのままにしておくと何枚も重なってしまう。
● 色を事前に決めておくと、分類の際に視覚的に判断が可能になる。例えば、上の例では「縄文時代特有は黄色」、「弥生時代特有は水色」、「両時代に共通することは緑色」としており、一目瞭然である。

「デジタル付箋」のやり方

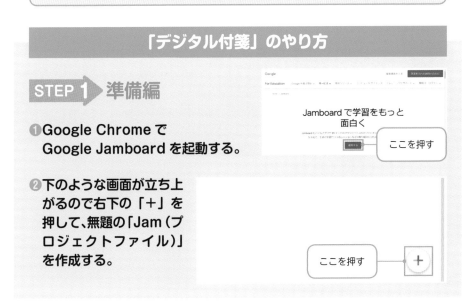

STEP 1 準備編

❶ Google Chrome で
Google Jamboard を起動する。

ここを押す

❷ 下のような画面が立ち上がるので右下の「＋」を押して、無題の「Jam（プロジェクトファイル）」を作成する。

ここを押す

❸すると、「フレーム」が立ち上がるので、ツールバーの図形ツールをつかって、ベン図を描く。例えば円を2つ重ねると以下のようなベン図になる。

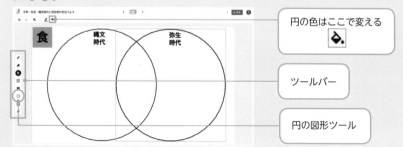

円の色はここで変える

ツールバー

円の図形ツール

❹このままだと、子どもがベン図に触れると移動してしまうので、背景として固定していく。まず、画面右上の三点リーダーの「その他の操作」ボタンから「フレームを画像として保存」ボタンを押す。

①三点リーダーを押す

これを選択

フレームを画像として保存

すると画面左下に保存された背景画像がダウンロードされる。

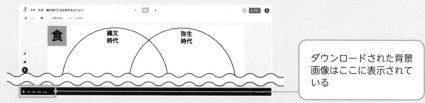

ダウンロードされた背景画像はここに表示されている

画面左上の「背景を設定」を押し、「画像」を選択する。

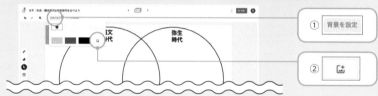

① 背景を設定

②

下のような画面がたちあがるので、左下のダウンロードしていた背景画像を画面中央にドラッグ＆ドロップ。

これをドラッグ＆ドロップ

これで、作成したベン図が背景画像として固定される。最後に、はじめに図形ツールで作成したベン図を削除してフレームが完成。

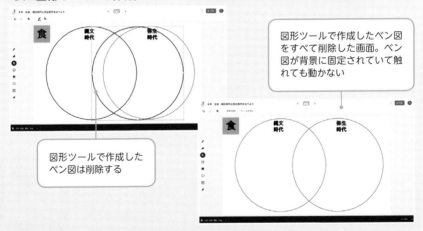

図形ツールで作成したベン図をすべて削除した画面。ベン図が背景に固定されていて触れても動かない

図形ツールで作成したベン図は削除する

❺フレームは、グループに1枚ずつ必要なので、コピーして増やしていく。まず、画面上部の「フレームバーを展開」ボタンを押す。

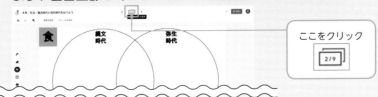

ここをクリック

2/9

すると、下記のような画面に移るので、上部の三点リーダーを押し、「コピーを作成」を選択し、フレームをコピーする。これを繰り返し、必要な数（＝グループ数）のフレームを作成する。

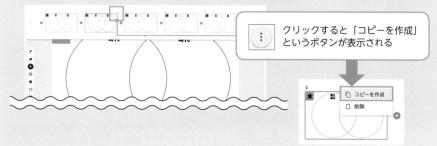

クリックすると「コピーを作成」というボタンが表示される

STEP 2 実践編

❶画面右上の「共有」を押す。P54 の❹の画像の②〜④の手順で、リンクを共有した人が共同編集できるようにする。その後、画面上で右クリックすると「このページの QR コードを作成」が出る（PC の Google Chrome のみ）ので、これを子どもに読み取らせてもよい。

子どもに QR コードで読み取らせるか、URL を送る

①押す。
その後の手順は
P54 参照

このページの QR コードを作成

❷子どもがリンクを共有すると、手元の端末に作成した Jam が表示される。各グループにどの番号のフレームを使用するかを指示する。

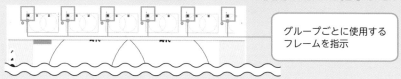

グループごとに使用する
フレームを指示

STEP 3 ▶ 展開編

❶子どもたちは、ツールバーから「付箋ツール」を選択し、意見を書き込んでいく。付箋は同じ場所に貼り付けられるため、すぐに移動するよう指示する。似た内容の付箋は、同じ色に変更し「場合分け」をする。

②ここで色を選択

①付箋ツールを選ぶ

実践者
からの
**ワンポイント
アドバイス**

　Google Jamboard は言ってみれば「無敵のホワイトボード」です。思考ツールとして使うだけでなく、授業中の教師の板書をこの Jamboard で実施すると、子どもが書き写す作業をすることがなく、そのまますべて保存することができます。子どもは書き写しに気をとられることなく授業に集中できる上、あとから板書を見ることで授業中の教師の言葉を、映像を見るように思い出すこともできます。前時の授業の板書を、次の授業でバージョンアップしていくことも可能となるので、授業準備の時間を短縮することもできます。なお、Google の公式発表では現時点で Jamboard は一つの Jam で最大 20フレームまで作成でき、同時編集は最大 25 名までです。クラスの実情に合わせて複数の Jam を用意するといいでしょう。　　　　　　　　（井上）

9

みんなで同時並行で書いていく
「デジタル壁新聞づくり」

こんな「困った」ありませんか？

● 壁新聞をつくるためには道具や場所、時間も必要

　行事を振り返る際の王道の方法に、グループでの「壁新聞づくり」があります。紙面構成、文章やイラストでの表現、作業を分担して仕上げるまでの協働作業はとても有意義なものです。しかし一方で、子どもたちが一枚の模造紙に数本のペンで書いていくので、同時に作業ができず、時間がかかってしまいます。また、作業スペースを用意するのも大変です。

ICT でこんな授業に変わる

● 子どもたちが個々で作業を進められる

　ロイロノートの「カード in カード」の機能を使えば、子どもたちが個々に割り当てられた紙面スペースに書いた記事を置いていくことができます。順番待ちもありませんし、作業スペースも必要もありません。

● 教師の添削もタブレットで！

　子どもたちのつくったデジタル壁新聞は、オンラインで提出させます。教師も、端末で文章チェックして添削したら、ロイロノートの返却機能をつかって子どもたちに戻します。原稿を書くための用紙も必要ありません。

　子どもたちは教師の添削を見て、色付けや写真の貼り付け、記事の書き直しをしていきますが、デジタルで作業するので、紙の壁新聞のように紙面がボロボロになることはありません。

使う
ツール

SCHOOL
ロイロノート

子どもたちが同時並行で
作業できるので、待機時間ゼロ！

添削も
オンラインで！

印刷や、
保護者への
配信もらくらく！

実践のポイント

- 手書きのよさは当然あるため、部分的に手書きも入れることで、個性を生かす。
- 色付け、文字や写真の大きさの変更、書き直しはかんたんにできるので、見やすい紙面とはどんなものかを実際に何度も試させる。

「デジタル壁新聞づくり」の進め方

STEP 1 準備編

❶ロイロノートで新聞の構成（紙面割、見出し、リード等）を説明したカードを作成し、子どもに送る（P12参照）。

新聞づくりの作業手順。全体に口頭で示すほか、ロイロノートの配信（送る）機能で子どもに送る

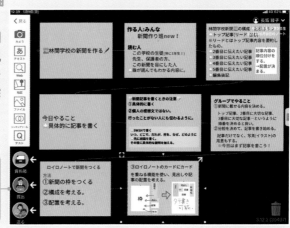

❷「カード in カード」の機能や縦書きにする方法を子どもたちに説明する。

・カードを2枚出す。一方のカード（A）をドラッグしてもう一方のカード（B）の上にドロップするとAがBの上に重なる。

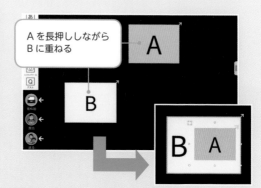

Aを長押ししながらBに重ねる

・カードを押すとテキスト入力ができる。その際に下記画像の「縦」を選ぶと、縦書きでの入力が可能となる。

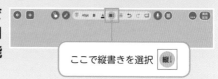

ここで縦書きを選択

❸子どもたちをグループ分けし、リーダーを決めてどんな記事を掲載するか話し合わせ、役割分担をさせる。

STEP 2 実践編 ～ロイロノートの提出・返却、生徒間通信の機能利用

❶各自記事を書き、ロイロノートの提出箱に提出（P12参照）させる。教員はその内容のチェックし、返却機能で返却し、必要があれば原稿の書き直しをさせる。

子どもたちから提出箱に送られてきた記事。チェックし、オンラインで返却する

❷子どもたちは「生徒間通信」を使用し、チェックを受け修正した原稿
（カード）をリーダーに送る。

・画面右側の帯を開き「生徒間通信」をクリックし鍵マークを開けると、
　子ども同士のやり取りが可能になる。

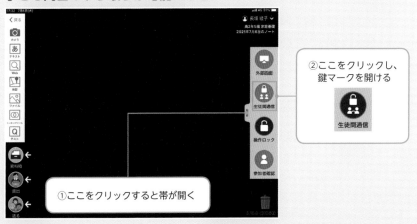

・リーダーに送りたいカードをドラッグし、左下の「送る」にドロップ
　すると、「カード送り先選択画面」となる。

・リーダーの名前を選び、「送る」を押す。

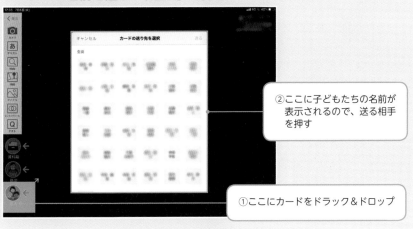

❸リーダーはメンバーから送付されたカードの形を調整し、新聞の紙面にレイアウトしていく。カードを長押しするとまわりに▲や●が表示されるので、この状態でカードの端を動かすと、形や大きさが変わる。

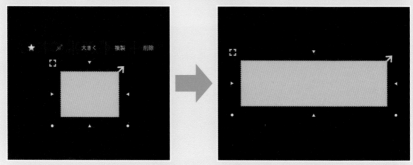

❹リーダーは完成したグループ新聞を提出箱に入れて教師に提出。それを教師が回答共有（P14参照）することで、子どもたちは自分の端末で他グループの新聞をいつでも見ることができる。

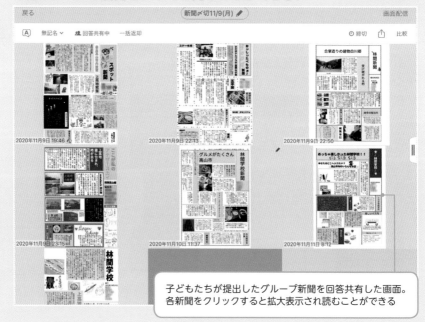

子どもたちが提出したグループ新聞を回答共有した画面。
各新聞をクリックすると拡大表示され読むことができる

STEP 3 展開編

❶でき上がった各グループの新聞は、様々なサイズでの印刷、保護者へ
の配信も可能。

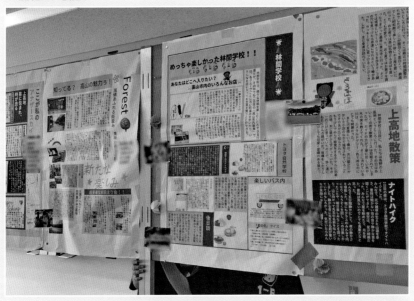

実践者
からの
**ワンポイント
アドバイス**

　　上記の壁新聞づくりは、「デジタル」と「アナロ
グ」のよさを融合させたものです。アナログ＝紙に
ペン書きだと失敗や書き直しを恐れ思い切りよくで
きなかったり、修正を躊躇したりすることもありま
す。しかし、デジタルだと書き直しや色合い、文字
や画像の大きさの調整をすぐにできるので、よりよ
い仕上がりにするための試行錯誤が楽にできます。
楽だからといって学びが少なくなるということでな
く、新聞制作のノウハウや協働作業、試行錯誤によ
る経験値はしっかりと得られます。　　　　（長坂）

10 全員に役割がある！「共同編集でレポート作成」

こんな「困った」ありませんか？

● グループ活動になかなか参加できない子どもがいる

グループ活動をすると、一部の子どもたちがうまく参加できないまま進んでしまうことも少なくないのではないでしょうか。グループで1つのレポートを作成するといった課題では、機転の利く子どもたちだけでどんどん作業を進めてしまい、おとなしい子どもたちは置いてけぼりになってしまいます。

ICT でこんな授業に変わる

● 作業を細分化し、みんなで一つのレポートを作成

例えば小説のレビューをおこなう授業では、①小説の時代背景を調べる人、②舞台となっている場所を調べる人、③難しい言葉を調べる人、④キーワードになる事柄の写真を用意する人、⑤調べたものをまとめる人、などの役割を決めておきます。ネット検索を活用させ、信頼できるサイトや情報であるかを考えさせることで、「情報活用能力」も育成できます。

● 自分でゼロからつくり上げる達成感を味わえる

共同でのレポート作成では役割と取り組む作業をしっかり理解することが重要です。子どもたちがそれぞれ調べた内容は、1つの「Google ドキュメント」を同時に編集して、レポートに落とし込んでいきます。この方法なら、仲間の作業の進捗状況も分かるので、お互いに困っていることがないかなどを確認しながら、協働的な学びを深めることもできます。

使う
ツール

Google ドキュメント

グループ全員で
同時に作業が
できる！

出典などを
示す習慣も
身に付く！

実践のポイント

● 教師が、各人のグループ内での役割を事前に確認しておくとスムーズ。
● 教師が各グループの Google ドキュメントを大型提示装置で表示することで各グループの進捗状況をクラス全体で確認することもできる。

「共同編集でレポート作成」のやり方

STEP 1 準備編　※ここでは、著作権が切れた小説を集めたサイト「青空文庫」をつかって、グループで小説のレビューを、レポートにまとめる作業を例に説明します。

❶ Google ドキュメントを立ち上げ、「新しいドキュメントを作成」から「空白」を選択すると、何も書かれていないレポートが作成される。

❷ 著作権が切れた小説を集めた「青空文庫」などから題材にする小説を探す。

❸ 題材の小説を開き、コピーする（一節でよい）。

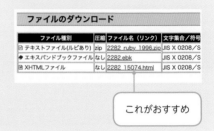

ファイルのダウンロード

ファイル種別	圧縮	ファイル名（リンク）	文字集合／符号
▣ テキストファイル(ルビあり)	zip	2282_ruby_1996.zip	JIS X 0208／S
◆ エキスパンドブックファイル	なし	2282.ebk	JIS X 0208／S
▣ XHTMLファイル	なし	2282_15074.html	JIS X 0208／S

これがおすすめ

❹ コピーした一節を Google ドキュメントに貼り付ける。ドキュメントの右上の「共有」ボタンを押し「リンクを知っている全員」を「編集者」に設定しリンクを共有するとグループで共同編集できるようになる。

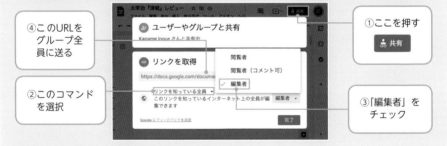

④このURLをグループ全員に送る

②このコマンドを選択

①ここを押す

③「編集者」をチェック

STEP 2 実践編

❶ 調べたい用語がある場合、ブラウザの右下にある「データ探索」のアイコンを押す。レポートの右側にネットの検索結果が表示されるので同じ画面で検索できる。

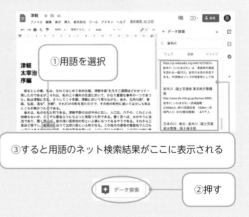

①用語を選択

③すると用語のネット検索結果がここに表示される

②押す

STEP 3 展開編

❶ 調べた用語の横にある「"」をクリックすると、「脚注」として URL などがドキュメントの下部に表示されるようになる。これを繰り返し「津軽半島」「五所川原」「浅虫」「大鰐」など、各人の役割分担に沿って検索し、小説の下にまとめていき、レポートを完成させていく。

「"」のマークを押すと「脚注」になる

出典の URL などが表示される

実践者
からの
ワンポイントアドバイス

　私は子どもにネットで調べさせるときには、個人の感想がのっている SNS やブログは不向きで、URL（ホームページのアドレス）の一部に「go.jp（日本政府）」、「lg.jp（地方公共団体）」などのドメイン名が付いているサイトを引用するよう指示しています。子どもたちに、信憑性の高いレポートの作成を意識させることで、情報活用能力の育成を心掛けています。また、わざわざ脚注を作成させるのにも狙いがあります。手入力だと面倒な脚注の作成も、ボタン一つで付け加えられることを子どもに実感させることで、調べ物の出典を明記する習慣を身に付けさせるというものです。　　　　　（井上）

11

紙の成果物を写真に撮ってスライドに貼るだけ！
「即席デジタル・プレゼン」

こんな困ったありませんか？

● 結局アナログの方が教師も子どもも楽ちん……

子どもたちに発表をさせるときに、デジタルでプレゼン資料をつくらせたいけれど、タイピングなどの操作を教えていると、よけいに時間がかかってしまいます。

結局、教師にとっても子どもにとっても、従来通り紙媒体でつくるほうが楽ちんで、いつまでたっても端末活用が進まないという状況に陥っている教師もいるのではないでしょうか。

ICT でこんな授業に変わる

● 紙では見づらい資料もデジタルにすると拡大できる！

子どもたちが ICT に慣れていなければ、いきなり高度な実践を行う必要はありません。まずはアナログとデジタルの「いいとこ取り」をして、ちょっと便利なプレゼン資料をつくってみてはどうでしょうか。

やり方はとてもかんたんです。従来どおり子どもたちが紙媒体にまとめたプレゼン資料を、自分たちの端末のカメラで撮影し Google スライドに貼り込むだけです。

ICT を使ったプレゼン資料をかんたんにつくれますし、さらに紙では見にくかったプレゼン資料も、大きく大型提示装置に投影して、教室内のどこからでもはっきりと見ることができます。

紙を撮影してスライドにするだけ！

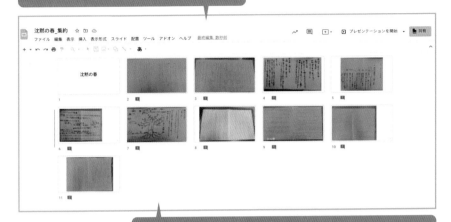

拡大表示すれば遠くからでも見えるようになる！

実践のポイント

- 紙に文字を書くときは、濃く、はっきりと書く。
- 写真撮影する際は、明るい場所で、資料の内容がはっきり写るように、真上から焦点を合わせて撮影する。
- まとめる紙は B4 程度がおすすめ。あまりに大きい紙にまとめると、写真を撮った際に文字が小さくて読めなくなる。

「即席デジタル・プレゼン」のやり方

STEP 1 準備編

❶従来どおり、子どもたちに紙でプレゼン資料を作成させる。
❷❶の資料を、子どもたち自身の端末で各自に撮影させる。

❸ Google スライドを立ち上げ、写真を挿入する枚数（＝クラスの人数）分、教師が事前に空白のスライドをつくっておく。空白スライドのつくり方は 2 つ。

作り方 1：メニューバーの「＋」ボタン横の「▼」を押す。出てきた画面から「空白」を押す。

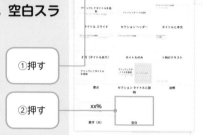

①押す

②押す

作り方 2：コピーしたいスライド上で右クリックをして、「スライドのコピーを作成」を押す。特殊なサイズ設定や、特定のデザインを統一で使いたい場合（全スライドに同じロゴを入れて使いたいなど）は、この方法だと時短になる。

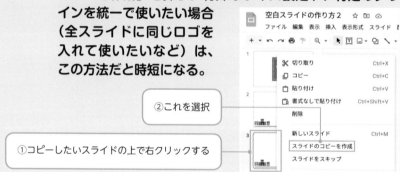

②これを選択

①コピーしたいスライドの上で右クリックする

STEP 2 実践編

❶ STEP1 の❸で作成したスライドを子どもに共有する。

・まず画面右上の「共有」を押す。

人数分の空白スライドが出来上がっている状態

押す

■ 共有

・「リンクを取得」内の「変更」を押す。

・共有権限を「編集者」に変更し、「リンクをコピー」を押し、メール送信などで作成した Google スライドの URL を子どもたちと共有する。

❷子どもたちには、共有された Google スライドのメニューから、「挿入」→「画像」を選択した後、撮影した写真が保存されている場所を選択し、スライドに写真を挿入するよう指示する。

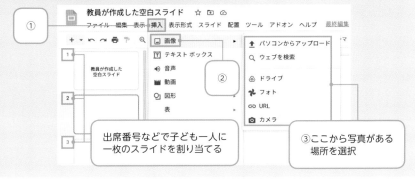

❸誰がどのスライドをつくったのかわかるように、コメントで名前を入力させると便利。スライドにコメントをつける方法は以下の通り。

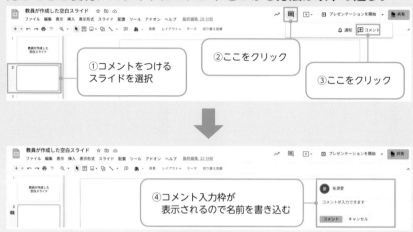

STEP 3 展開編

❶写真を挿入したスライドを大型提示装置に投影しながら、一人ずつ順番に子どもに発表させる。画面上で絵を入れたり、色を付けたり、図表を挿入したりといったことも負担なくおこなうこともできる。

作品例1
図を入れた発表資料

作品例2
色付した発表資料

応用編

・一枚の大きな模造紙でプレゼン資料を作成した場合でも、部分ごとに撮影
をして Google スライドに添付していくと見やすいスライドが作成できる。
その際、どこで区切って写真を撮影するべきかなども子どもに考えさせるこ
とで、プレゼンスキルを養成することにつながる。

実践者
からの
**ワンポイント
アドバイス**

　この実践は、端末を導入したからといって、今まで
のやり方をすべて変えないといけないわけではないと
思い、はじめたものです。スモールステップでちょっ
とずつ取り入れていくことで、教師も子どもたちも、
無理なく ICT を使いこなせるようになります。
　また、B4 程度の紙にまとめる作業は、子どもの
負担も比較的軽く、何かについてまとめて発表する、
という活動を従来よりも早いサイクルで頻度高くお
こなうことが可能になります。
　子どもから紙の資料を預る手間やスペースも省け
る上に、教師がデーターとしてプレゼン資料を保管
しておけば、他のクラスや次年度の授業で参考資料
として見せることもできます。　　　　　　（祐源）

12

発表がめちゃくちゃ盛り上がる
「BGM 付きプレゼン」

こんな「困った」ありませんか？

● 授業の「まとめ」の作成に飽き飽きの子どもたち

　授業で学んだことをノートに文字や絵とともにまとめさせる場面、よくありますよね。でも、何度もやっていると、子どもたちも作業に飽き気味。

　そんな時は、ICT の出番です。ロイロノートなら、文字の入力や写真、イラストの挿入もかんたんで、子どもたちもどんどん手を動かすことができます。

ICT でこんな表現ができる！

● もっと個性を出したい！　という子どもたちに応える！

　子どもたちが、ロイロノートでつくった毎時間のまとめ。単元がすべて終わった段階で、すべてつなげて動画にします。子どもたちはもっともっと自分らしさを表現したいという気持ちが高まり、ますます意欲的に取り組みます。

● 音楽を付きの動画をつくると、プレゼンの雰囲気が一変！

　まず、ロイロノートでつくった毎時のまとめをつなげて、動画にします。そこに GarageBand（Apple の端末のみインストール可）でつくった BGM（かんたんにつくれます）をつけるだけで、子どもたちの個性がグッと引き立つプレゼンになります。右上は子どもたちがつくった動画と、BGM の組み合わせです。これを見るだけで、楽しく盛り上がる雰囲気が伝わるのではないでしょうか。

使う
ツール

ロイロノート

GarageBand

↓ポップな音楽が似合いそう！

↓壮大な感じの中国伝統音楽を
つけてもいいですね

個性あふれるプレゼンに大盛り上がり！

実践のポイント

● BGM は、あくまでもスライドの補助的なものなので、あまり凝りすぎないように、そして、自分自身のプレゼンの声が良く通ることが大事なので、音量は控えめにするようアドバイスする。
● GarageBand は感覚で作曲できるので、触って覚える方が早い。

「BGM 付きプレゼン」のやり方

STEP 1 準備編

※ ios 版の GarageBand を使ったやり方です。

❶まず、ロイロノートで、子どもたちに毎時のまとめのカードから出ている矢印を長押ししながらすべてのカードをつなげさせる。

この矢印を長押ししながら他のカードにつなげていく

❷カードを1枚選択し、右上の三点リーダーから「書き出し」→「動画ファイル」→「開始」を選択するとつなげたカードが動画になる（完了後、「ビデオを保存」を選ぶ。iPadだと写真アプリに保存される）。

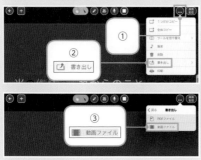

❸次にBGMをつくる。GarageBandを立ち上げ、右上の「＋」ボタンを押すと、制作する方法として、「TRACKS」と「LIVE LOOPS」の2つを選択できるので、既成の音楽を組み合わせてかんたんに作曲できる後者を選択し、任意の音楽アイコンを押す。

①こちらを選択 **LIVE LOOPS**

②任意の音楽アイコンを押す

❹すると下のような画面になる。四角いマス（セル）の中に音源が入っていて押すとループ再生される。録音ボタンを押して、セルの音源を組み合わせて音楽をつくり収録する（終了は■、再生は▶）。

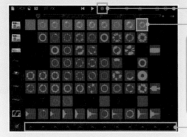

録音ボタン

この「セル」の中に音源が入っていて、押すと再生される。再生したい音源を組み合わせて音楽をつくっていく

ここを押すと上に並んでいるすべてのセルの音源が再生される

STEP 2 実践編

ここを押す

❶録音した曲は GarageBand アプリでしか再生できない形式で iPad に保存されるので、タブレットで再生できるように書き出す。まず STEP 1 の❸画面を開き、左上の「My Song」を押す。

❷すると録音した音楽が「My Song」という名前で保存されている（名称は変更可）ので、長押しし、表示されたメニューから「共有」を選ぶ。

最近使った項目

長押し

❸右のようなフォーマットを選択するメニューになるので「曲」を押す。

押す

❹曲の保存形式を選ぶ画像になるので「高音質」を選択し、「送信」を押す。保存（送信）先を選べるので、Google ドライブなど任意の場所（アプリ）を設定する。

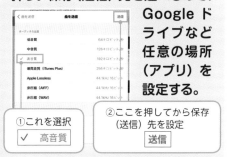

①これを選択
✓ 高音質

②ここを押してから保存（送信）先を設定
送信

❺ロイロノートの動画と、保存した音楽を同時に再生しながら、子どもたちにプレゼンさせる。

実践者
からの
**ワンポイント
アドバイス**

　ICT 以前、子どもたちにとっての表現方法は、話す、書くという手段にほぼ限られていました。ところが端末導入によって、「音楽」という新しい表現方法が加わりました。これまで人前で表現する活動が苦手だと思われていた子どもが、独創的な音楽をつくってプレゼンし、クラス全員を大いに驚かす瞬間も目にしたことがあります。子どもの意外な一面も見られるので、ぜひ試してみてください。　　（松田）

13

驚くほど子どもが熱中して繰り返す
「音読録音カード」

こんな「困った」ありませんか？

● 音読に集中できない

　授業では、教師が教科書を音読した後に、クラスみんなで同じように音読することもよくあります。でも、音読が苦手な子どもの中には、教科書を眺めるだけで口を動かしてない子や、周囲をキョロキョロ見渡して口をモゴモゴさせ、読んだふりをしている子もいます。

　また、小学校や中学校では、国語や英語の教科書の音読が宿題として出されることもよくあります。でも、本当に読んでいるのかは、教師には分かりません。

ICT でこんな授業に変わる

● 子どもたちの朗読へのモチベーションが上がる

　教師は事前に作成した「音読用カード」を、子どもたちの端末に配信します。ロイロノートの録音機能を利用し、子どもたちは音読用カードに朗読音声を吹き込み、オンライン上で提出します。教師は提出された音声を確認し、励ましのコメントを記入して返却します。

● 子どもの集中力が断然上がる！

　教師は子どもたちに「一番よく読めたものを提出してください」と事前に伝えるとよりよく読もうと、集中し、くり返し練習し、努力します。

　なお、ムービーで録画するという方法もありますが、カメラのレンズを気にして集中力がそがれることもあるので、音声だけの録音をおすすめします。

使う
ツール

SCHOOL
ロイロノート

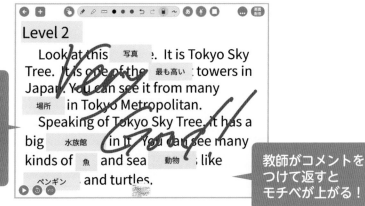

一番いいのを
提出しようと
子どもが
音読を
繰り返し
がんばる！

教師がコメントを
つけて返すと
モチベが上がる！

実践のポイント

- 難易度の異なる「音読用カード」を用意し、子どもが選べるようにすると、自らチャレンジする意欲を高められる。
- 1分以内など、収録時間を決める。
- 提出されたカードに励ましのコメントをつけて返却する。

「音読録音カード」のやり方

STEP 1 準備編

❶ロイロノートで朗読させる文章が載ったカードをつくる（画像は4つのレベルの英語のカードをつくり、一枚につなげたもの）。

矢印を長押ししながら
他のカードにつなげる

❷カード上部のメニューボタンで、音読用カードに収録時間を設定する。

ここを押して収録時間を
設定する

レベル2なのでたまに
単語をかくして難易度
を高くしている

STEP 2 実践編

❶提出箱を作成し、子どもたちに音読用
カードを配信する（P12参照）。

❷子どもたちは音読用カードを1枚選び、音声を吹き込む。

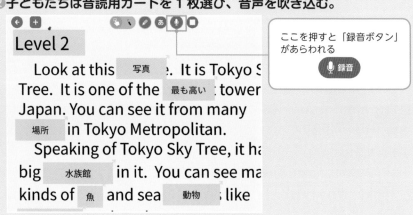

ここを押すと「録音ボタン」
があらわれる

🎤 録音

❸録音を終了すると画面下部に波形が表示されクリックすると音声が再生される。納得できなければ上書き録音を繰り返す。

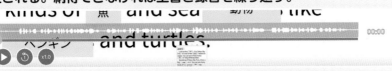

❹録音を終えた子どもは、カードを提出箱に提出する。

STEP 3 展開編

❶教師は子どもたちから提出された音読カードを確認し、励ましのコメントをつけて返却する。

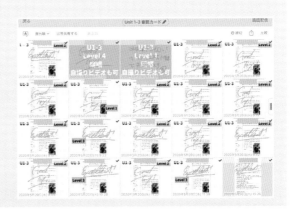

実践者 からの ワンポイント アドバイス	提出されたカードに対して教師が励ましのコメントをつけることで、子どもは教師に見守られている安心感を得て、前向きに宿題に取り組むようになります。また、以前録音したものを聴いて時々振り返りの機会をつくることで、少しずつスラスラ読めるようになっていることを子ども自身で実感することができます。音読は、教科書を用いるすべての教科で有効なベーシックな実践です。　　　　（田中）

14

「書く」が苦手でも大丈夫
「音声でテキスト入力」

こんな困ったことありませんか

● 手書きやタイピングが苦手な場合

　字を書くことが苦手な子ども、また、漢字を書くことが苦手な子どもは、ノートの作成にとても時間がかかります。また、原稿用紙のマスなど、決まったところに字を書くことにも抵抗があります。一生懸命書いたとしても、いわゆる「評価の観点」から見ると、評価しづらいのも現状です。

　教師として何とか書けるようになって欲しいと思い、ノートに何度も同じ字の練習をさせることもあります。しかし、形の崩れた字の添削をすればするほど、「何度やってもダメだ」と落ち込み、自信とやる気をなくしていき負のスパイラルに陥ることもあります。

ICT でこんな授業に変わる

● 音声入力で OK

　パソコンやタブレットに標準搭載されている「音声入力」の機能を使うと、字を書くことが苦手な子でも、スムーズにメモをとったり、日記を書いたり、作文を書いたりすることができます。一生懸命書いても、後から読み返して何が書いてあるのかわからないとか、他の人が読めませんということにもなりません。変換の性能もよくなっているので、漢字は前後の文脈から正しく変換されます。GIGA スクール構想で、ひとり一台端末をもつことができるようになった今だからこそ、困っていることを解決できます。タイピングが苦手な子どもも時間内で課題を仕上げることができます。

今日は晴れです。

書くのが
苦手でも文章
をつくれる！

実践のポイント

- パソコンやタブレットに標準搭載されているマイク機能を使用する。周りが多少騒がしくても、十分に音声入力できる。
- 何度か練習するとタイミングよく音声入力できる。

「音声でテキスト入力」のやり方

STEP 1 準備編

❶ パソコン、タブレットにある音声入力を立ち上げる。

①今回は ipad の
「Pages」を使用

②このマーク
を押す

③空白を選択

❶マイクのボタンを押し、声に
出して話す。句読点や読点は、
「まる」、「点」と言うと「。」「、」
となる。

マイクボタンを
タップして音声入力を開始

❷地球儀マークをタップすると
日本語や英語など入力ソース
を切り替えられる。話し終え
たらキーボードボタンを押
す。

音声入力を終えたら
ここを押す

言語を切り替える

❸文集など、決まった書式があ
る場合は、音声入力でできあ
がった原稿をコピー&ペース
トして完成させる。

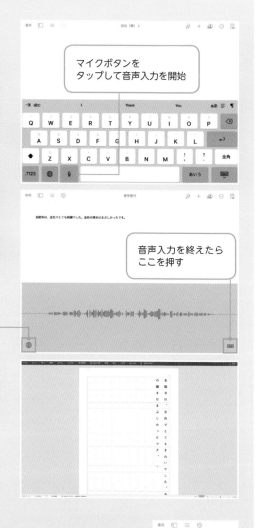

STEP 3 展開編

❶連絡帳を書く場合も、音声入力でメモをとることがで
きる（例：図画工作の材料などをメモする場合など）。

のり
ハサミ
折り紙
ビーズ

応用編

・メモアプリや Gmail、Google Keep などでも音声入力は可能。

・ネット検索する際にも有効である。タイピングすることが目的ではないときは時間を短縮することも大切。

ここをタップ

実践者
からの
ワンポイント
アドバイス

　みんなと違った方法で文章を作成することに対し、周囲の目を気にして気後れする子どももいます。教師はまず、このマインドをリセットさせることが必要です。音声入力をする本人だけでなく、クラスの子どもたち全員に、視力の悪い人が眼鏡を使うように、ICT を使うことで、書くことが苦手なら音声入力することができることや、目標を達成するには方法がいろいろあることを話すなど普段から多様な価値観を大事にする雰囲気をつくっていきます。

　ただし、本人が嫌がっているのに、無理やり音声入力をさせるのは逆効果です。本人が音声入力という手段を自ら選択するのが、この実践を導入する大前提です。自分の話したことがテキストになるのを見て、感動の声をあげる子どももいるので、ぜひ試してみてください。　　　　　　　　　　　（山田）

15
「先生、分かりません」がなくなる！
「実技のお手本ムービー作戦」

こんな「困った」ありませんか？

● 質問対応にアタフタ、時間切れも

　家庭科や技術などの実技系の授業では、最初に実技の手順を説明したり手本を示したりします。でも一度で理解できる子どもばかりではありません。もう一度やり方を示してほしいという子どもや、頭では理解はしていてもそれが正しいのかどうか確認しないとその先へ進めない子どももいます。教師は同じ説明を何度も求められたり、失敗の修復対応をしたりと大忙しです。

ICTでこんな授業に変わる

● 実技は動画で何度も確認

　実技内容の手順と方法を示す動画を作成し、子どもたちの端末に配信すれば、子どもたちは自分にとって必要なタイミングで、何度もやり方を繰り返し視聴・確認し、理解・習得できます。

● 本当に指導が必要な子どもに時間をかけられる

　「実技あるある」ですが、実技の質問の中にはちょっとした「手順の確認」もよくあります。失敗したくないという気持ちが強い子どもは、自分がやろうとしている作業が正しいのかどうか確認してから手を動かしたいのです。手順や方法、コツ、注意点を示した動画があることで、分かる子どもたちはどんどん先に進むことができ、つまずいた子どもへは時間をかけた指導ができるようになります。欠席した子どもへのフォローも楽々です。

子どもの
「分かりません！」
がなくなる！

実技の手順をムービーと
説明資料で解説！

実践のポイント

● 動画以外にも、作業の手順やポイントを説明した静止画やテキストも準備する。
● 授業の冒頭で動画を流し、その時間におこなうことを理解させる。この際、作業内容を細かく説明・指示するテキスト資料も子どもに配付し、理解を深めさせる。

「実技のお手本ムービー作戦」のやり方

STEP 1 準備編

※例は被服実習

❶ロイロノートのカードに、その時間におこなう作業項目を書く。

布にしるしを
つける✏️

カード1枚に1つの
作業を書く

❷ロイロノートのカメラ機能（写真）で、作業内容を撮影する。必要があれば画像内に補足説明を記入する。

 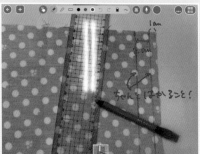

❸複雑な手作業については、ロイロノートのカメラ機能（ビデオ）で、実技動画を作成する。

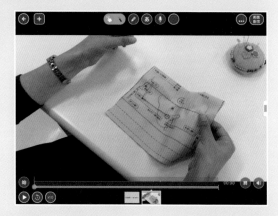

❹作業項目を書いたカードと写真、もしくは動画（右ページ参照）をロイロノートの矢印でつなげて作業の順番に並べる（P63 参照）。

STEP 2 実践編

❶授業の冒頭で、事前に作成した動画を大型提示装置などで再生し、この授業で取り組む実技について、一斉説明する。

❷ STEP 1 でつくった
カードを子ども
たちのタブレッ
トに配付し、必
要があれば視聴
するよう指示す
る。画像枠内Ⓐ
は各作業の説明
動画をつけたも
の、Ⓑは静止画
の説明資料をつ
なげたもの。

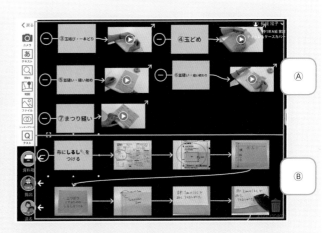

STEP 3 展開編

❶ 早く作業が終わった子ども
には次の時間で取り組む動
画を送り、予習させる。

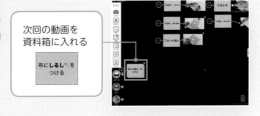

次回の動画を
資料箱に入れる

実践者
からの
ワンポイント
アドバイス

　最初は、手間も時間もかかりますが、できるだけ
丁寧な動画をつくることで、実習時の負担は激減し
ます。ICT 以前は質問対応に追われるのが常の被服
実習でしたが、予想される質問を思い浮かべ、細か
な指示やアドバイスを載せた動画をつくることで、
負担がかなり軽減しました。また、質問の順番待ち
をする子どもも減り、作業時間のロスも解消できま
す。しかも、一度作成すれば、翌年度以降ずっと使
え、マイナーチェンジもかんたんです。　　　（長坂）

16 分からないことをいつでも先生に聞ける
「エブリタイム質問箱」

こんな困ったありませんか？

● 忙しくて子どもとじっくり話す時間がとれない

　子どもとじっくり向き合い、授業で分からないことなどがあれば、分かるまでとことん教えてあげたい。でも、子どもたちの質問を受けたくても、やることが山積みで時間がなかなかとれない。これが教師の日常ではないでしょうか。あぁ、今日も子どもたちと十分に話せなかったとストレスをためてたりしませんか？

ICTでこんな授業に変わる

● いつでも教師に質問できる

　かんたんな質問フォームを子どもと教師が共有しておくことで、子どもたちは、いつでも、どこからでも、教師に質問をすることができるようになります。対面だとなかなか教師に話し掛けられないという子どもでも、オンラインだと気軽に質問できる場合もあり、子どもの学びへの支援がさらに充実します。また教師は、時間のあるときに、子どもたちの質問にじっくりと回答をすることができます。

● 子どもの分からないことを把握して「授業改善」ができる

　教師にとっても、子どもの「分からない」は、宝の山です。なぜ分からなかったのか、どこでつまずいたのかを分析して、授業改善につなげられます。同じような質問がたくさん寄せられた場合には、分かっていない子どもが多数いると予想されるため、授業で改めてクラス全員に指導しなおすこともできます。

使う
ツール

Google フォーム

質問フォームで
子どもからの
質問を受け付け！

余裕の
あるときに
じっくりと
回答できる！

実践のポイント

● オンラインで子どもからの質問を受け付けるときは、管理職に報告するなど学校のルールに則っておこなう。
● なるべく入力する項目が少ない質問フォームを準備すると子どもは気軽に質問ができるようになる。
● 長期休暇前に質問フォームを子どもと共有しておくと、休みの間も継続的な学習支援が可能になる。
● いつどのようなタイミングで回答するかは、ルールをつくり、子どもたちに周知しておく。

「エブリタイム質問箱」のやり方

STEP 1 準備編

「空白」を選択

❶ Google フォームを立ち上げ「空白」を選択。

❷ 質問を入力していく。

設問の追加・画像や動画の挿入などできる

タイトルを入れる

質問を入力

設問形式を選ぶ

79

STEP 2 実践編

❶ 子どもたちと質問
フォームを共有す
るために、Google
フォーム編集画面右
上の「送信」ボタン
を押す。

ここを押す

❷ するとリンクが表示される
ので、コピーする。Google
Classroom やメールなど
で、リンクを子どもたちに
共有する。

②ここにチェックを入れる

①ここを押す

③ここを押すと URL がコピーされる

STEP 3 展開編

❶ 子どもが質問フォームで質問してきたら、教師にメールで通知が来る
ように設定する。これにより、質問があるかどうか確認をするために、
いちいち Google フォームを開く必要がなくなる。

①このタブを押す

②３点リーダを押してメニューを開く

③これを押す

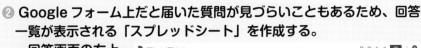

❷ Google フォーム上だと届いた質問が見づらいこともあるため、回答一覧が表示される「スプレッドシート」を作成する。

・回答画面の右上にあるマークを押す

ここを押す

・「作成」を押すとスプレッドシートが開く

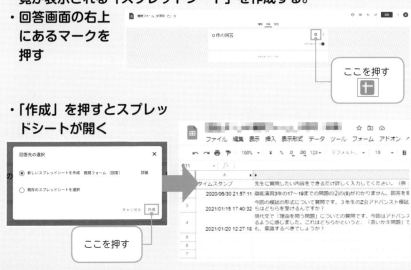

ここを押す

ここを押す

応用編

・質問フォームのテンプレートを学校内や教科内など関係する先生と共有することで、学校全体の業務効率化につながる。

実践者 からの ワンポイント アドバイス	質問フォームを使えば、子どもの心理的安全性を確保し、いつでも質問できる環境をつくることができます。その反面、教師の勤務時間の区切りがなくなる可能性もあります。そのため、質問受付日のルール（勤務時間外や土日祝日は回答しないなど）や、回答するまでかかる日数の目安を子どもに伝えておくなど、子どもと教師の間のルールを明確にしておくことが大事です。これにより、「質問したのに答えてもらえない」などのトラブルも回避できます。　　　　　（祐源）

17

教師は質問を受けるだけ！
「かんたん反転授業」

こんな「困った」ありませんか？

● いろいろな「学び」を取り入れたいけど、授業時間が足りない

　子どもたちがグループで一緒に何かをつくったり、議論したりといった授業をしたいけど、その時間がとれない。教室では教科書の内容を教えるので精いっぱい。「○ページまでの教科書の内容は時間がないから、自宅で読んで勉強をしておくように！」と伝えても、なかなか知識は定着しないですよね……。

ICTでこんな授業に変わる

● 知識定着のための学びは自宅学習で

　それを解決するのが、「反転授業」です。反転授業とは文字通り、授業と家庭学習の役割を反転させたもの。教師は、教科書の解説動画を子どもたちに配信して、自宅で予習しておくよう促します。子どもたちはある程度の知識を事前に得て授業に臨み、教師は一人ひとりの理解度にあわせて、補足的に指導します。基礎的な知識・技能の指導に時間をかける必要がなくなり、子どもたちが主体的に学ぶような活動を多く取り入れることが可能となります。

● 動画は予習だけでなく復習でも活躍

　動画は何回でも繰り返し視聴できるので、予習段階では理解できなかったことも、授業後に復習として見ると理解できるようになることもあります。また、テスト前や単元が終わるときなどにも振り返って視聴することで、学びはより深まり、確かな学力につながります。

使う
ツール

Google Meet

子どもは動画で理解でき
るまで何度も学習できる

授業では「アクティブ・ラーニング」
に時間を割ける！

実践のポイント

- 子どもたちの集中力が続くために動画の時間はなるべく短くする。
- 教室で授業する際は、動画の内容に触れながら展開する。
- オンライン会議アプリで録画して、スライドなどを用いながら講義を進める。

「かんたん反転授業」のやり方

STEP 1 準備編

❶ Google Meet を立ち上げる。個人のアカウントでは録画できないの
で学校の Google Workspace のアカウントで利用する。

①9点ドットを押す

②これを押す

※録画した授業は
ここに保存される

❷「新しい会議を作成」を押す。

これを押す

❸すると、下のような画面
になるので、マイクとカ
メラをオンにする。

マイクをオンの
状態にする
（今はオフ）

カメラをオンの
状態にする
（今はオフ）

STEP 2 実践編

❶ビデオ会議（授業）を録画する。

①ここを押す

②ここを押すと
録画される

● ミーティングを録画

③ここを押すと
録画が終了する

❷説明用の資料を表示するときには、別画面で資料を立ち上げてから「画
面共有」のボタンを押す。

①資料を別画面で立
ち上げたら Google
Meet に戻りここ
を押す

②これを選択

ウィンドウ

❸講義を終えて終了ボタンを押すと Google ドライブ（P83 ❶の画像参照）に撮影した動画が自動保存される。

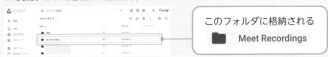

このフォルダに格納される
Meet Recordings

❹動画を押すと下のような画面が立ち上がる。右上の3点リーダーを押すと、動画を共有するためのリンクが表示されるので子どもたちにメールやアプリで送る。

①ここを押す

②ここを選択すると URL が出るので子どもに共有

STEP 3 展開編

・学校では、子どもたちが家庭で視聴した動画をもとにして授業を展開する。

実践者
からの
**ワンポイント
アドバイス**

　苦労して長時間の動画をつくったとしても、子どもたちは途中で飽きてしまいます。短く簡潔な動画をつくるほうが、教師にも子どもにとってもハッピーです。また、黒板の前で話すだけの動画よりも、かんたんなスライドなどを画面共有をしながら解説するほうが、学びは深まります。あまり硬くならず、ふだんの授業でしゃべっている雰囲気で録画することが大事です。この実践は Zoom でもできますが、Zoom だと録画を保存するクラウドの容量に制限があるため、私は Google Meet を使用しています。　（和田）

18

ひたすら楽しい
「早押しクイズ」

こんな「困った」ありませんか？

● 「知識・技能」を着実に定着させたい

　教科の知識・技能を定着させるために、多くの教師は子どもたちに「復習して勉強しておくように！」と一方的に伝えています。でも、教師に言われて渋々取り組んだ学習の内容は、なかなか子どもたちに定着しません。一方で、子どもたちが自分から望んで取り組んだ学習は、驚くほど定着します。

ICT でこんな授業に変わる

● 授業がメチャクチャ盛り上がる

　学級でテレビ番組さながらのクイズ大会をします。自分の端末に映し出された問題を読み、自分で答えを選択し、楽しみながら回答するうちに、学習してきた内容を自然と覚えることができます。回答の正確さと速さで得点が変わるので、子どもたちも大喜びで取り組みます。また、正解できなかった問題は、もう一度チャレンジすることもできます。

● 子どもたち同士で問題を出し合う

　子どもたちが自分でつくった問題を出題することもできます。授業が終わった後に、次の時間のクイズを作成するように子どもたちに指示すれば、クイズを作成する段階で学習になります。自分たちでつくったクイズを使えば、さらに前向きに学習に取り組めるようになります。

使う ツール　kahoot !

子どもにクイズをつくらせると
自分で学習するようになる！

子どもの
くいつきが
スゴい！

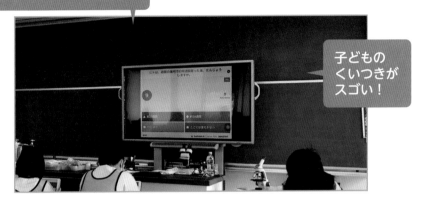

実践のポイント

- 実施する前に、「次の時間に、Kahoot! するよ」と予告しておく。
- 授業時間を確保するため、5 ～ 6 問出題してサクッと終える。
- 解答の結果を見て、子どもたちがよく間違えているところは、再度説明する。

「早押しクイズ」のやり方

STEP 1 準備編

❶ kahoot にログインする。

初めての場合ここから
アカウントの種類を
「教師」とし、無料で
使用できる
プランで登録
サインアップ

2 回目以降は
ここから
ログイン

❷「作成する」を押して出てきた画面から「新しい kahoot」を選択する。

ここを押す　作成する

新しいkahootの作成

新しいkahoot
作成する

選択

❸すると下のような問題作成画面が出るのでまず「kahootのタイトルを入力」を押す。すると別ウィンドウが立ち上がるので、タイトルを入れる。同じ画面で公開範囲を選ぶ。学校で使用する場合は「非公開」がおすすめ。

❹問題作成画面の右側にある「問題形式」から、出題の仕方を選ぶ。今回は〇×問題を選択（★マークは有料プランのみ使用可）。

❺下の画面で問題を入力し正答を設定する。
　すべての問題を入力したら、画面右上の「保存」を押す。

最後にここを押す 保存

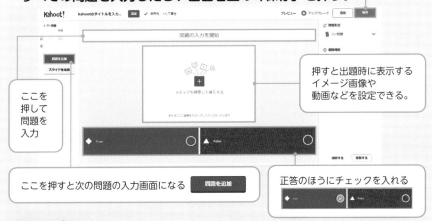

押すと出題時に表示する
イメージ画像や
動画などを設定できる。

ここを
押して
問題を
入力

ここを押すと次の問題の入力画面になる 問題を追加

正答のほうにチェックを入れる

STEP 2 実践編

❶保存したクイズを、kahootの「ホーム」にある「My kahoot」から選ぶ。

①「ホーム」の
タブを押す

②「My kahoot」から
保存したクイズを選ぶ

❷クイズを押して立ち上がった画面の左側にある「プレイ」→「教える」
　→「プレイヤーのデバイスに問題と答えを表示する」をオンに設定する。
　これにより、参加者の端末に問題文と回答が表示されるようになる。

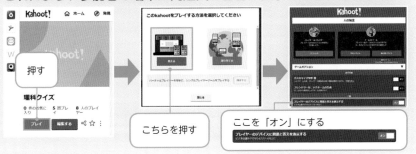

押す

こちらを押す

ここを「オン」にする

❸1つ前の❷の画面で「クラシック（個人戦）」か「チームモード」を選択できる。今回はクラシックを選択。

個人戦

団体戦

❹「クラシック」を押すと「ゲームPIN」が表示されるので、子どもたちに伝える。

ゲームPIN

❺子どもたちに「www.kahoot.it」のページ（下のQRコード参照）でゲームPIN、続いてニックネーム（お互いが認識できるものがよい）を入力させる。するとクイズの参加画面に切り替わる。「www.kahoot.it」は、教師からメールや授業支援アプリなどで共有してもよい。また、Googleで「カフート」と入力して検索すると、一番上に表示される（2021年9月時点）

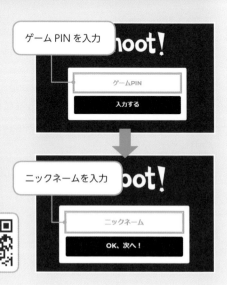

ゲームPINを入力

ニックネームを入力

STEP 3 展開編

❶教師は参加者がそ
ろったら、「スター
ト」を押すとクイ
ズがはじまる。1
問ごとに順位が変
動するので、盛り
上がる。

ここを押すとクイズがはじまる

子どもの名前が
表示される

応用編

・クイズの終盤では、
上位者が固定される
ことが多いので、最
後の問題のポイント
設定を2倍にする
（問題作成時に変更
できる）と、ドキド
キがさらに増す。

ここを押してポイントを変更

実践者
からの
**ワンポイント
アドバイス**

　　よい成績を残した子どもには、クラス全員で拍手
をおくりましょう。最後の結果発表画面のスクリー
ンショットを撮影し、家庭で自慢する子どももいるよ
うなので、呼びかけてもいいでしょう。また、学習
だけでなく、異学年交流会やクラスのお楽しみ会な
ど、活用の可能性は無限です。　　　　　　（梅下）

19 子どもが笑顔で課題に取り組むようになる
「おもしろタイマー」

こんな困ったありませんか？

● 時間を守らせるのに必死で教師も子どもも疲れている

「では、1分でグループをつくってください」「5分でプリントを提出してください」「10分前に集合してください」など、授業でもクラスでも各種行事でも、教師は常に子どもたちに時間を指示しています。

　子どもたち全員がしっかり時間を守れるわけではありません。ルーズな子どももいます。でも、「時間は守りなさい」「遅れた理由を教えてください」「次からは気を付けるように」などなど、どんなに注意してもなかなか直りません。こんなことを繰り返すうちに、注意する教師も、注意される子どもも疲れてきて、教室の雰囲気が悪くなってしまうこともあります。

ICT でこんな授業に変わる

● 子どもたちが自然に時間を意識するようになる

　こんなときに役立つのが、オンライン上で提供されている「タイマー」のサービスです。電子黒板に大きく投影するだけで、子どもたちは時間を意識しやすくなります。市販のタイマーは、「ピピピピ」という無機質な音しか出せませんが、オンライン上のサービスなら、いろんな音に変えられます。BGM も流せるので、授業の雰囲気ががらりと変わります。音で、子どもたちに時間を意識させることで、教師がいちいち時間を指摘しなくても、子どもたちはちゃんと時間を守ることができるようになります。ストップウォッチや卓上タイマーのように、電池切れの心配もないので、一石二鳥で手軽に使えます。

タイマーの音で
教室の雰囲気を
つくる！

「3・2・1…」と表示に合わせて
カウントダウンしても盛り上がる！

実践のポイント

- つくりたい教室・授業の雰囲気に合わせて音を選ぶと効果的。
- 学齢や子どもの発達の段階に合わせて数字と絵のタイマーを使い分ける。
- タイマー係の子どもを指名し、子どもたち自身でタイマーを使うようになると、学級への帰属意識も高まる。

「おもしろタイマー」のやり方

STEP 1 準備編

❶ Classroomscreen を開き、「今すぐ起動」を押す。

❷下部のメニューバーから、「タイマー」を選択して、タイマーを表示させる。

これを選択

❸タイマーの右下にある音符ボタンを押して、タイマーの音を選ぶ。

スタートボタン

ここで音を設定

STEP 2 実践編

❶教師の端末に表示されているタイマーの画面が、子ども全員に見えるように設置する。大型提示装置に大きく映し出してもよい。大きく映し出すことで、時間への意識を高めることができる。また、後ろの席の子どもでもよく見えるようになる。

❷大型提示装置に接続した場合は、装置側で音量調整を行う。

❸スタートボタンを押して、タイマーを作動させる。

STEP 3 展開編

❶タイマーが作動すると、左側の円グラフに経過時間が表示されるため、感覚的に経過時や残り時間を理解することができる。

応用編

・Classroomscreen 以外にも、無料で使えるタイマーは多数ある。担当する学齢・活動にあわせて使い分けると効果的。

App Store　Google Play

（例）Online-Stopwatch.com 　ねずみタイマー

・Classroomscreen にはタイマー以外に生徒のランダム指定機能、サイコロ、カレンダーなどの機能もある。

実践者からの**ワンポイントアドバイス**

　私は、料理で言えばスパイスのように、授業でタイマーを使っています。一振りで授業の雰囲気は変わります。例えば小テストなど、自己研鑽的な活動では、スーパーマリオのダンジョンクリア時のBGM を選択すると、子どもたちはノリノリで楽しみながら活動します。また、時計を読むことが苦手な子どもも、グラフ部分に着目させることで、時間を守れるようになります。

　リモート授業では Classroomscreen の画面を画面共有しておくことでいつもの教室に近い環境をつくれます。授業が楽しい！　楽しいから学ぶという循環の一歩になります。　　　　　　（祐源）

20 本物を見て事前学習を深める 「Google Earth で バーチャルツアー」

こんな「困った」ありませんか？

● **遠足や修学旅行をもっと学びの場にしたい**

　遠足や修学旅行に行く前に事前学習をおこないますが、図書館やインターネットを使った調べ学習をしても、子どもたちはいまいち前向きに取り組んでいないようです。近くに何があるか、この建物とこの建物の距離はどれぐらいなのか、などがイメージできないことが原因かもしれません。事前学習があまりうまくできなった結果、何となくお客さん気分で旅行に参加し、楽しかったけど旅行で何かを「学んだ」様子がうかがえません。

ICT でこんな授業に変わる

● **子どもたちが夢中で事前学習に取り組む**

　Google Earth を使えば、自分たちが行く訪問先の建物や周辺の雰囲気、それぞれの訪問先の距離などを立体的・視覚的に理解しながら、事前学習ができます。迫力満点で子どもたちは夢中になるでしょう。

● **それぞれのストーリーで作成するプロジェクト機能**

　さらに Google Earth のプロジェクト機能を使うと、自分たちの訪問先をいくつも繋げて、それぞれの場所の写真やコメントなどもオリジナルで追加できる「バーチャルツアー」を作成することができます。

　作成したプロジェクトを子どもたちがクラスで発表し合うと、より主体的な事前学習が実現します。

使う
ツール
GoogleEarth

リアルな事前学習になる！

実践のポイント

- 子どもたち自身が訪問する場所についてきちんと調べる。
- グループごとにプロジェクト（ツアープラン）を作成する。
- 子どもたちがつくったプロジェクトを他人に公開・発表する。

「Google Earth でバーチャルツアー」のやり方

STEP 1 準備編　（例）東京の修学旅行

❶パソコンで Google Earth を立ち上げて「プロジェクト」をクリック。
（PC 版のみ。タブレットではプロジェクトの作成はできない）。

プロジェクト

❷表示された画面の「作成」を押し、「Google ドライブでプロジェクトを
作成する」を選択。すると作成したプロジェクトファイルは Google ドラ
イブに保存されるようになる。

①ここを押す

②これを選択

STEP 2 実践編

❶画面上に「アイテムを追
加ボタン」が表示される
ので押し、「検索して場
所を追加」を選ぶ。

①ここを押す

②これを選択

❷上部にある検索の窓
にキーワードを入れ
て検索する。
（例：国会議事堂）

❸検索すると Google Earth 上で検索した場
所に飛んでいくので、そこで「プロジェクト
に追加」を選び、表示されたウィンドウ内の「保
存」ボタンを押す。

①ここを選択

②押す

❹上記の作業を繰り返すと、検索した場所が次々と蓄積されていく（国会議事堂・最高裁判所・財務省など）。完成したら「プレゼンテーションを開始」ボタンを押す。

ここを押してプレゼン開始

蓄積された場所

❺左下の「目次」の項目にある「1/3」の表示横の右を押せば次の場所に飛んでいく（左を押せば１つ前に戻る）。これでプレゼンテーションをおこなうことができる。

ここを押すと場所が移動する

STEP 3 展開編

・ STEP 1 の❶の「プロジェクト」を押してツアーを選び、「プレゼンテーションを開始」を押し、作成したツアープランを子どもたち自身が発表する。

実践者
からの
**ワンポイント
アドバイス**

　自分たちが修学旅行で訪問する場所について調べて、まとめて、発表する、という学び自体が主体性や表現力を伸ばすことになります。場所の見せ方も、上空からなのか、2D か 3D か、ストリートビューで地上目線がよいのか、などと考えながら操作するので思考力も鍛えられるでしょう。　　　（和田）

21 子どもがびっくり！「AI テキスト要約」

こんな「困った」ありませんか？

● 感想文に「即レス」は無理

「教科書のこの部分を読んで、みんなはどう思ったかな？」と促して感想文を提出させることがよくありますが、どんな意見があったかを子どもに知らせるのは次の授業の時間以降になってしまいます。すると、自分がどんな感想文を書いたのかも忘れてしまっている子どももいます。クラス全体に「即レス」できれば、もっと授業がスムーズに展開できるのですが、そんな離れ技は人間には不可能です。

ICT でこんな授業に変わる

● どんな意見が多いのか瞬時にわかる

でも AI なら、そんな離れ技もかんたんにやってのけます。すべての子どもたちの感想文を要約し、よく使われていたキーワードを抽出して表示（「ワードクラウド」と呼ぶ。右ページ写真）したり、3 行や 5 行の短い文に要約したりできるのです。

これを見れば、クラスの子どもたちの全体的な意見の傾向がすぐに把握できます。子どもたちにとっては、自分になかった考え方や自分のオリジナリティに気が付くきっかけになります。教師にとっては、子どもたちの意見の偏りや理解度が分かるため、それまでの自分の授業展開が正しかったのかを判断しやすくなります。また、要約した文章を子どもたちに提示しつつ、それについてどう思うか、さらに発問することで学びが深まります。

全員の感想文を 3 〜 5 行の短文に
要約することも可能！

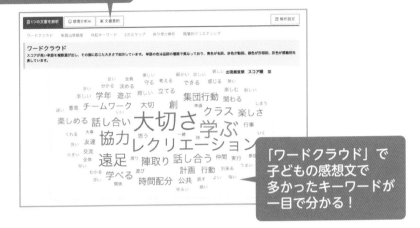

「ワードクラウド」で
子どもの感想文で
多かったキーワードが
一目で分かる！

実践のポイント

● 意見を Google フォームなどで入力させて、オンラインでデータを集める
● 全員の文章をまとめてコピー＆ペーストしている作業そのものを大型提示装置
　に投影し、作業のプロセスを明らかにする。
● 頻出の単語や感情分析なども紹介しながら授業を展開する

「AI テキスト要約」のやり方

STEP 1 準備編

❶ インターネット上のテキストマイニングツールにアクセスする（「ユー
ザーローカル」というサイトがおすすめ）。

① Google フォームなど
で集めたテキストデータ
をスプレッドシートで確
認する（P81 参照）。子
どもの感想が入っている
列を選択しコピーする。

ここをクリックすると列全体
を選択できるのでコピーする

② コピーしたテキストをテ
キストマイニングツー
ルにそのまま流し込む
（ペーストする）。最後に
「テキストマイニングす
る」というボタンを押す
と、ワードクラウドが表
示される。

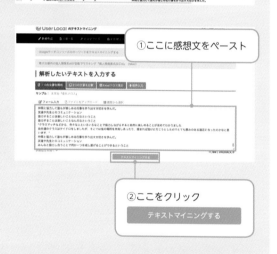

①ここに感想文をペースト

②ここをクリック

テキストマイニングする

① 様々な記述データを AI
が分析して、頻出単語や
感情分析を抽出するのと
同時に、3 行要約や 5 行
要約もできる。

このタブをクリックすると
「感情分析」が表示される

😊 感情分析AI

このタブをクリックすると「要約」が表示される

✖ 文書要約

応用編

・青空文庫の著作権フリーの小説などのテキストデータを使って文章要約をおこない、その要約が自分が読んで捉えた作品像と合っているかなどを考える授業もできる。

実践者からのワンポイントアドバイス

　ワードクラウド（頻出単語の分析）や感情分析は、見た目に分かりやすいので、子どもたちへのインパクトは大きいです。また、文章要約は国語だけでなく、さまざまな授業で活用できます。行事の振り返りや班活動などの感想をまとめる際にも使えます。

　ただしこのツールは、あくまで AI による要約です。授業で一番大切なのは、一人ひとりの子どもたちの意見や気持ちです。AI に頼りきりになると、教師も子どもも自分で考えなくなってしまいます。子どもたちの意見の全体的な傾向をつかみたいときや、物事を俯瞰してみたいときなどに、ワンポイントで使うようにしましょう。

(和田)

22

写真をなぞるだけ
「かんたんスケッチ」

こんな「困った」ありませんか？

● **プレゼン資料に手描きの絵を掲載したい**

　子どもたちがパワーポイントなどでスライドを作成して発表しようとしています。そこに独自性を加えるため手描きのイラストを描こうとしていますが、画面上で上手く描けないようです。プリントアウトした紙に描きこむように、パソコンやタブレット上で手描きのスケッチができると、表現の幅が広がると思うのですが……。

ICT でこんな授業に変わる

● **絵心がなくても大丈夫。誰でも「画家」に！**

　たとえば教科書に掲載されている写真をタブレットで撮影します。その写真をタブレット上でペンでなぞるだけで、非常に精密なスケッチが完成します。もちろん色をつけたり、吹き出しを付け足したりもできます。

　少々間違っても大丈夫。一つ前の作業に戻ったり、ある部分を指定してその部分を白紙に戻したり、タブレットがあれば自由自在にスケッチすることが可能になります。

　これによって、立体的な物の見方や遠近感の捉え方など、表現力が徐々に身につくでしょう。

keynote

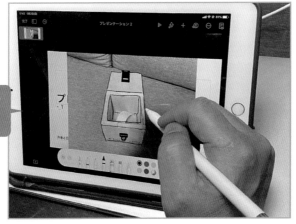

表現の幅が
広がる！

実践のポイント

- 最初は教師が模範を示し、その後、子どもたちの作業時間とします。
- 子どもたちは何時間でも没頭するので、時間を決めてやるとよいでしょう。
- 説明やサポートは最低限に。なるべく子どもたちの自由な発想に任せましょう。

「かんたんスケッチ」のやり方

STEP 1 準備編

※ ipad でのやり方の例

❶ Keynote を立ち上げ
「新規作成」をタップ。

これをタップ

❷「テーマを選択」する画面になるので、背景が白いテンプレートを選択（ベーシックホワイトなど）。これがキャンバス（下地）になる。

❸「＋」ボタンから「写真またはビデオ」を選び、スケッチする写真を選択。

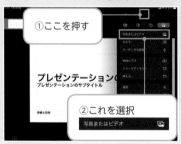

STEP 2 実践編

❶写真を取り込むと下のような画面になる。

❷「＋」ボタンから「描画」を選ぶ。

❸下からペンツールが出てくるの
で、色をつけながら描いていく。

❹描き終わったら写真を選択し、
削除する。

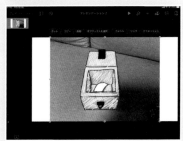

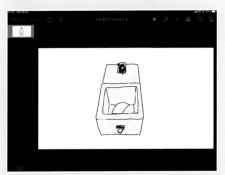

子どもの作品！

実践者
からの
**ワンポイント
アドバイス**

　何もないところから、いきなりアイデアを出した
り、表現したりすることは、なかなかできません。
最初は何かの真似をすることからはじめて、少しず
つ自分なりのオリジナルの作品がつくれるように
なることが多いのではないでしょうか。この描画ス
ケッチは、まさに「撮影した写真や画像を真似する」
ところからはじまります。何回か経験すると、子ど
もたちはオリジナリティあふれる表現をするように
なります。ざっと短時間でスケッチする訓練を繰り
返しおこなうことが大切です。　　　　　　（和田）

23

オンライン＆リアルのハイブリッドで実現！
「全員参加型の学級会」

こんな「困った」ありませんか？

● 学級会で子どもたち一人ひとりの意見を聞きたいけど……

学級会では、マナーやルールに関して教師から指導することがよくあります。教師としては、なぜそのような指導をするのか、子どもたちに理由をしっかり理解して守ってもらいたのですが、「先生がそう言うからそうする」という雰囲気になることもよくあります。意見を言うのも、いつも同じメンバーに偏りがちです。

ICT でこんな授業に変わる

● 多様な意見に触れ、子ども同士の学び合いにつながる

マナーやルールなど、学級会のテーマについてロイロノートで意見を提出させると、人前では恥ずかしくて意見が言えない子どもでも、スムーズに考えを表明できるようになります。

子どもが提出した意見は、回答共有することでクラス全体に知らせることができます。その意見を見て、再び自分の考えをまとめることで、子どもたち同士の学び合いにもつながります。

● 子どもたちは、一日中テーマについて考えるので、意見が深まる

一度提出した後でも、取りやめて出しなおしてもよいと伝えておけば、共有された他者の意見を見て、さらに考えを深めていくこともできます。

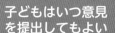
子どもはいつ意見
を提出してもよい

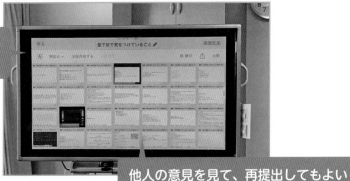

他人の意見を見て、再提出してもよい

実践のポイント

- 朝の会、クラスの時間などで、「今日はこの質問について、1日じっくり考えて ほしい」と投げかける。
- 締切後はすぐに回答共有してシェアする。
- 共有された他者の回答を見て、新たな発見があれば、追加して提出してもよい と伝える。

「全員参加型の学級会」のやり方

STEP 1 準備編

❶ロイロノートでカードを出して 話し合うテーマを入力する。

❷左上の「＋」を押して「カード in カード」にする。ここを子ど もの回答記入欄にする。

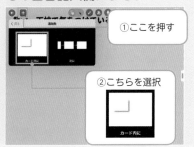

①ここを押す

②こちらを選択

❸カードの中のカードを長押しし、ピン留めして固定する。

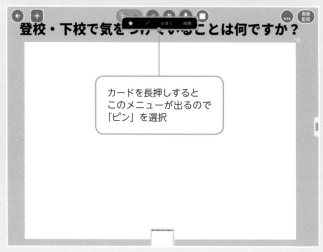

STEP **2** 実践編

❶子どもにカードを配布し、提出箱をつくり、締切を設定する (P12 参照)。

STEP 3 展開編

❶ 提出締切後に、「回答共有する」を押して、クラス全員の意見をみんなで見る時間をとる。

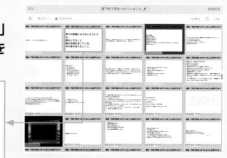

> 周りの邪魔にならないようにする。
> 静かにすること
> 道の右側を歩いている。
> 傘を振り回さないこと。

応用編

・子どもたち自身が、回答共有後に新たに気付いたことやインプットしたい内容は色を変えて入力させて、再提出させると、子どもたちの学びの変容も分かる。

実践者 からの **ワンポイントアドバイス**

　私がこうした学級会をはじめたのは、1つのテーマでも、多様な考えがあることを、クラスみんなで理解できるようになってほしいと考えたからです。意見の違いを乗り越え、協働する力を身に付けることが、これからの時代を生きる子どもたちにとって大事です。そのための第一歩となるのが、子どもたち同士でアウトプットしたものを、お互いに否定せずに、あたたかい雰囲気の中で受け入れるクラスの雰囲気をつくることです。

　また、子どもたちのアウトプットについては、文章だけでなく、ときには写真や、自分が描いた絵などを提出すると、クラスのみんなをお互いに知るよい機会にもなり、学級の絆もさらに強まります。　　（梅下）

24 写真＆動画も付けられる！
「デジタル学級便り」

こんな「困った」ありませんか？

● 保護者は、学級通信って読んでくれているの？

　学級での子どもたちの様子や、担任の思いをつづって子どもや保護者に届ける学級通信。一生懸命つくります。配布時に子どもの反応は直接目で確認することができます。一方、保護者に対しては、ちゃんと読んでもらえているのか、そもそも子どもたちがきちんと忘れずに渡しているかさえも分からず、不安になることもあります。

　さらに学級通信は、紙に手書きした原稿でも、デジタルで作成して出力した原稿でも、印刷用紙は教育現場で定番の「わら半紙（更紙）」を使うことがほとんど。私も、かつては自分が発行した学級通信をファイルに綴じて保管していたのですが、短期間で紙が黄色く変色してしまっていました。しかも、印刷には手間がかかる上に、白黒なので子どもの作品や写真を掲載しても見えづらいという欠点もあります。

ICT でこんな手段に変わる

● 子どもたちの表情がリアルに見える！

　これまでも作成してきた学級通信を、ロイロノートや Classroom で配信してみましょう。写真はカラーになり、絵や文字も鮮明なので、雰囲気が一変します。右ページ上の写真は、実際にロイロノートで作成した学級通信です。カラーで、写真もたくさん、さらには動画も入れられます。これなら、子どもが教師と触れ合っている自然な様子が、イキイキと伝わってきませんか？

カラーで
見やすい！

子どもと
保護者の
反応も抜群！

実践のポイント

- 文字は最小限。写真や図で雰囲気を伝える方が、読み手は楽しめるし作成も楽。
- 人物には、吹き出しでセリフを付けると、リアルな様子が伝わる。
- 写真には肖像権があるので、事前に保護者に掲載していいかの許諾を得ておく。

「デジタル学級便り」のやり方

STEP 1 準備編

❶学級通信を好きな
ツールでつくる。
もちろん手書きの
ものをスキャンし
ても可！ ここで
は Word で 作 成
している。

STEP 2 実践編

❶ つくった学級便りのデータ
を PDF 形式で保存する。
 ・デジタルで作成したもの
  は保存する際に、画像の
  ように「PDF」を選択。
 ・手書きで作成したものは
  コピー機でスキャンする
  際に保存形式で「PDF」
  を選択する。

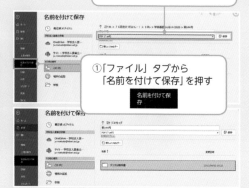

②このタブで「PDF」を選ぶ

①「ファイル」タブから
「名前を付けて保存」を押す

❷ PDF 化した学級便りをロイ
ロノートに取り込む。

②つくった PDF を選択

①ここをクリック

③ここを押すと取り込まれる

❸ 子どもに学級便りを送る。

②ここを選択して全員に送る

①ここに学級便りをドラッグ

応用編

・子どもが手書きした作品を取り込む際は、スキャナーなどではなく、タブレットのメモ機能「書類をスキャン」が手軽。ゆがみなども補正される機能がある。

・ロイロノート上で学級便りに動画を挿入することもできる。

②大きさを決めてピン止めする

①動画を学級便りの上にドラッグ

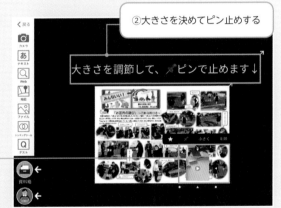

　子どもが家庭で学校のことを楽しそうに話すと、保護者は安心でき、教師への信頼も高まります。私がこの実践を始めると、「写真や動画で、子どもがイキイキ学校で学んでいる姿を見られて安心した」「子どもが発見したことや学んだことを話してくれるので、復習につながった」という声が、保護者の方から寄せられました。学級通信、見せ方1つで反応が大きく変わりますよ。　　　　　　　　（松田）

25 子どもも保護者も安全・安心に見られる
「クラスサイトづくり(by子どもたち)」

こんな「困った」ありませんか？

● **「プリントなくしました」に悩む**

　子どもや保護者への伝達事項をプリントで配布していると「先生、プリントをなくしました」と言いにくる子どもが後を絶ちません。

● **子どもたちの学習の成果を公開したいけど……**

　子どもたちがつくった作品や発表を保護者に届けられれば、学校や教師への信頼にもつながりますが、いちいち印刷するのは手間です。また、発表については、長い映像をどうやって保護者に送ればいいのか分かりません。

ICT でこんな授業に変わる

● **オンライン上に整理・分類された学習教材や成果物**

　教師がクラスの様子を伝えるサイトを立ち上げて、子どもたちと保護者限定で公開することで、知らせたいことや伝えたいことを確実に伝えられるようになります。教材や連絡プリント、学習成果やクラスの様子など、文章やグラフ、写真、動画、あらゆる素材をサイト上に掲載することができます。

● **クラスの様子について更新するのは子どもたち**

　すべてを教師が運営する必要はありません。重要事項は教師がアップし、そのほかの成果物や活動報告は、子どもたちに更新作業を任せてみましょう。子どもたちの方が操作は得意です。きっとイキイキと取り組むはずです。

使う
ツール

Google サイト

子どもたち自身に更新させると情報活用能力も
育成できる！（安全には万全の注意を！）

「限定公開」
で子どもと
保護者のみ
に共有する

実践のポイント

- 完璧でなくても、まずは公開（必ず、保護者と子ども限定で）しましょう。
- 公開後に修正、更新していくことが大切です。
- 子どもたちに、自分たちでクラスの様子を発信していくように伝えましょう。

「クラスサイトづくり（by 子どもたち）」のやり方

STEP 1 準備編

❶ Google サイトを立ち上げ、サイトの枠組みをテンプレートから１つ
選択する（「空白」からつくることも可能だが、最初はテンプレートか
らつくるのがおすすめ）。

これがかんたんでおすすめ！

❷テンプレートを選択すると、サイトの大枠のデザインができるので、
タイトルなどを入力し、つくっていく。

ここにタイトルを入力

STEP 2 実践編

❶文章を入れるときは、「テキストボックス」を選んで入力する。

ここを押す

❷写真とテキストを入れるときは、「レイアウト」を選んで挿入する。

ここから選ぶ

❸ YouTube などの動画も挿入できる（同様にカレンダーや地図なども可能）。

ここを押す

▶ YouTube

❹公開したときの確認（プレビュー）方法。

ここを押すと
プレビューされる

❶ある程度作成できたら公開
する。オリジナルの URL
を設定して（ウェブアドレ
スの欄に入力）、公開範囲を
決めて、公開ボタンを押す
だけ。

①ここを押す

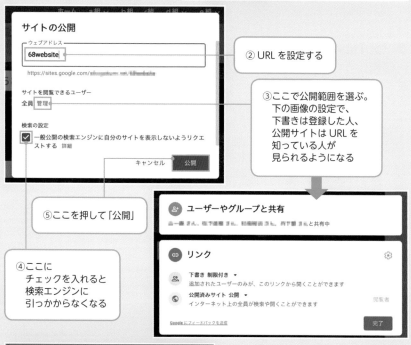

② URL を設定する

③ここで公開範囲を選ぶ。
下の画像の設定で、
下書きは登録した人、
公開サイトは URL を
知っている人が
見られるようになる

⑤ここを押して「公開」

④ここに
チェックを入れると
検索エンジンに
引っかからなくなる

⑤このURLを子どもと保護者に知らせる

https://sites.google.com/aikogakuen.net/testsite/%E3%83%...

応用編

・一年の総まとめとしてクラスで文集などを作成するのであれば、代わりにサイトをつくって、そこに子どもたちの文章や写真を掲載するのもよい。

・印刷や製本の手間とコストが省け、修正も簡単にできる。

実践者 からの **ワンポイント アドバイス**

　　Google サイトで作成したホームページは、公開範囲を限定し、検索エンジンに引っかからないようにすることができるので、個人情報などに配慮しないといけない教育現場にぴったりです。最初から完璧をめざすと、いつまでたっても公開できないので、まずは思い切って子どもと保護者に公開し、意見を聞きながら修正していくと、徐々にすばらしいものができあがっていきます。

　　また、子どもたちに運営を任せる際には、一度ネットに出した情報は拡散する可能性があること、著作物には著作権があること、人の画像には肖像権があることなどを事前に徹底的に指導しておきます。こうすることで、「これは公開してもよいのか？」といったことを子どもたち自身で考えるようになるので、「ネットリテラシー」や「情報モラル」の育成にもつながります。教師も欠かさずチェックし、いじめや事故には細心の注意を払ってください。　　　　（和田）

26

一瞬で子どもたちの成績分析ができる
「オンライン小テスト」

こんな困ったありませんか？

● こまめなテストが望ましいけれど……

　自分の授業を向上させていくためにも、子どもたちの分からないことを把握するための小テストをしたいものです。また、子どもたちや保護者からも、単元ごとのみならず、週1回程度のこまめな小テストを希望する声が聞こえてきます。

　しかし、かんたんな小テストだとしても、実行するとなれば、問題の作成・印刷・配布・採点・返却・分析などなど、教師には膨大な作業が発生します。単元ごとに、ましてや毎時間なんて到底実施できません。結局、定期テスト時にまとめて学習状態の確認することになり、子どもたちの学力の「穴」に気付いたときには巻き返すのがなかなか難しいという状況に陥ることもあります。

ICTでこんな授業に変わる

● 採点や成績分析も自動でできる！

　Googleフォームを使えば、かんたんに小テストを作成することができます。子どもが回答を送信すると、採点や結果分析まで自動で完了させることができます。その結果は、教師にも子どもにも即座に表示されます。クラスの学力の現状分析も自動でできるので、教師の手間と負担は圧倒的に軽減されます。

　小テストを実施したあとは、子どもたちが不安を抱いているところから授業を開始することができ、授業の質はどんどん改善されていきます。まさに、理想的な「カリキュラム・マネジメント」を確立できるのです。

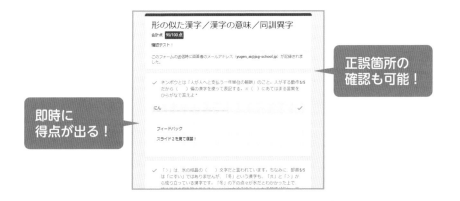

正誤箇所の
確認も可能！

即時に
得点が出る！

実践のポイント

● 小テストの内容にあわせて、一問一答形式や選択肢問題の形式で作問する。
● 学習データが蓄積されることで、2者面談や3者面談等での学習アドバイスを
データを根拠に提示することができるようなる。
● 結果を教科担当者や担任・学年と共有しておくことで、複数の教師を巻き込ん
だ学習支援が可能になる。
● 子どもに作問させることも可能。小テスト作問は子どもにとって、よいアウト
プット機会となる。

「オンライン小テスト」のやり方

STEP 1 準備編

❶ Google フォームを立ち
上げ「空白」を選択。

❷ 問題を入力していく。

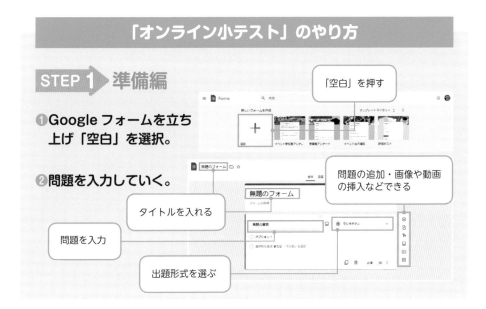

「空白」を押す

問題の追加・画像や動画
の挿入などできる

タイトルを入れる

問題を入力

出題形式を選ぶ

❸画面上の「設定」タブを押し「テストにする」をアクティブにする。

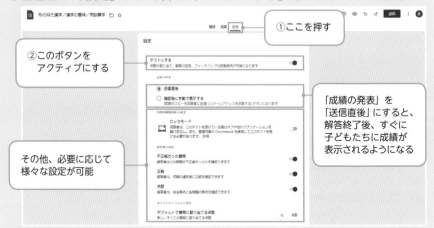

①ここを押す

②このボタンを
アクティブにする

「成績の発表」を
「送信直後」にすると、
解答終了後、すぐに
子どもたちに成績が
表示されるようになる

その他、必要に応じて
様々な設定が可能

❹画面上の「質問」タブを押し、正答と配点を設定する。

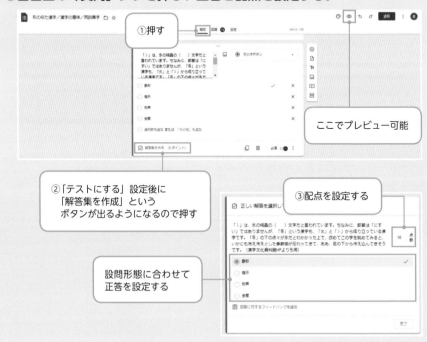

①押す

ここでプレビュー可能

②「テストにする」設定後に
「解答集を作成」という
ボタンが出るようになるので押す

③配点を設定する

設問形態に合わせて
正答を設定する

❺右上の「送信」を押し、「フォームの送信」メニューを出し、小テストを共有するためのリンクを取得し、子どもに送る。
※「URLを短縮」をクリックすると、短いURLになる。

ここを押すと下の画面へ移る

①このタブを選択

②このURLを子どもに送る

STEP 2 実践編

❶子どもたちにリンクから小テストを開かせ、回答させる。

❷回答が終了した子どもから、小テスト下部に表示されている「送信」ボタンを押し、テストを送信する。

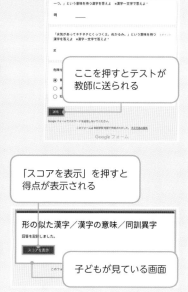

ここを押すとテストが教師に送られる

「スコアを表示」を押すと得点が表示される

子どもが見ている画面

STEP 3 展開編

❶回答後、子どもたちには、点数やどの問題を間違えたのかが表示される。

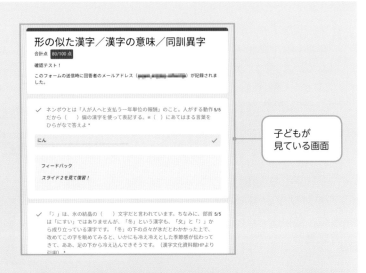

子どもが
見ている画面

❷「回答」タブを押すと、教師には回答者全員の成績がグラフで表示される。子どもたちの個別の正答状況を見ることもできる。一覧表データとしてスプレッドシートへ出力することも可能。

結果を
スプレッドシートで
出すことができる

回答の受付
オンオフを
切り替えられる

ここを押すと、
テスト結果の表示方法を
変えることができる
・概要：受験者全体の結果
・質問：設問ごとの結果
・個別：生徒ごとの結果

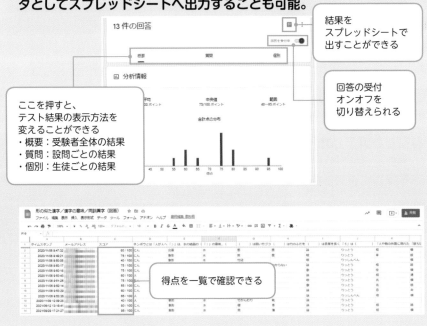

得点を一覧で確認できる

応用編

・Google フォームの設定によって、設問ごとにメッセージを表示させることができる。教師からの一言コメントやアドバイスがあると子どもも安心する。
（例）間違えた人は、教科書○○ページをもう一度見てみよう！

・**STEP1** の④で正答を設定した画面の左下「回答に対するフィードバックを追加」を押す。

押す

・コメントを入力・設定。

コメントやリンク・動画を入れられる

・子どもには下のように表示される。

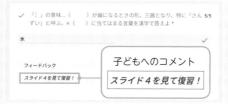

子どもへのコメント

スライド4を見て復習！

実践者
からの
ワンポイントアドバイス

　あっという間にデータ分析が終了するため、業務が本当に楽になります。事務作業ではなく、教師の仕事の本質部分に時間をかけられるようになる最強のツールです。

　小テストの結果のグラフ（**STEP3** の②参照）を大型提示装置で投影して子どもにも見せれば、教師と子どもが学力の状況を共通理解した上で授業をすすめていくこともできます。教師が授業の意図を明確にして「透明性」を高めることで、子どもたちの教師への信頼を高めることにもつながります。　（祐源）

27 資料の束と「打ち直し」から解放される
「プリントのデジタル保存」

こんな「困った」ありませんか？

● **原本が紙や画像しかなく、テキストの打ち直しを余儀なくされる**

国や自治体、教育委員会からは、さまざまな通達文書が出されます。子どもに伝えなくてはいけないのに、編集可能なデータではなくて、画像やPDF、紙で通達されることがあります。子どもや保護者に伝えるために、渋々テキストを打ち直して、一から文章を作成する羽目になっていませんか？

ICTでこんな校務・授業が変わる

● **無料で紙の書類も一瞬でテキスト化**

無料のGoogleドライブとGoogleドキュメントを利用すれば、画像やPDF、紙から文字を抽出して、テキストデータ化することができます。一般的に、これらはOCR（Optical Character Recognition/Reader）と呼ばれます。一部のコンビニにもOCR機能が付いたプリンタが置いてありますが、有料です。スマホでもOCRのアプリがありますが、まだまだ精度は低いようです。

● **まずはGoogleドライブに保存してみよう**

昔のプリントをスマホで撮影してGoogleドライブに画像やPDFを保存するだけで、テキスト化することができます。昔の紙のプリントがいつでもテキスト化できるため、宝の山に見えてくること間違いなしです！

使う ツール

Google ドキュメント　　Google ドライブ

プリントから一瞬で テキストが抽出できる！

昭和63年度 中学校及び高等学校における 進路指導に関する総合的実態調査
「高等学校用説明書」

おねがい 中学校及び高等学校における進路指導のはたす役割の重要性にかんが み、このたび、文部省では、今後における進路指導の一層の改善と充実 を図るうえで必要な基礎資料を収集・整備するために、全国的な規模で、 この調査を実施することにしました。

ご多忙中、恐縮ですが、以下の説明をご参照のうえ、この調査の実施 に格別の御協力をお願いします。

昭和63年10月
文部省

古い資料も 宝の山に！

東奥義塾百年の歩み

昭和47年10月12日(木曜日)
>梢元館の設立

寛政八年(一七九六)六月二十一 八日梢古館が、津軽九世寧親(やすちか)公により設立された。

すでに藩政時代の末本から、若い俊秀を先進の各地に留学させ、それまでの蘭学にかえて英学の修業に主力をそそぎ、新しい文化の吸収につとめていた。藩主承昭(一つぐあきら)は、深く文教に意を用い、新時代に適したより高度な内容を指った学校を開設する必要を備感していた。そこで学芸の先進、英学と漢学の教師団を招き、明治四年に敬応書院を開設し、これに英学寮と漢学寮をおき 藩の秀才を選抜し、公費で学習を 行なわせた。

明治四年(一八七一年)廃藩置 県と学制頒布のため、すべての藩 「学は県の管轄に切りかえられること一になり、弘前漢英学校は私費に よることになった。こ

実践のポイント

- 個人の Google アカウントでも実施可能。
- PDF や画像でストックしておけばいつでもテキスト化できる。
- 過去の紙の資料はすべて PDF や画像にして紙の資料はシュレッダーへ！
- 画像等のファイル形式（拡張子）は JPEG、PNG、GIF、PDF です。
- ファイルサイズは 2 MB 以下にします。

「プリントのデジタル保存」のやり方

STEP **1** 準備編

❶ 紙媒体を画像化・PDF 化する。写真は、ワープロ時代の昭和の「財産」をスマホで撮影したもの。

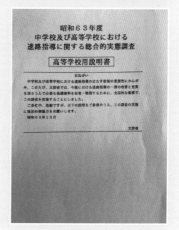

❷写真の書き出し（エクスポート）ボタンから Google ドライブを選び Google ドライブ内の格納する場所を選択して保存する。

❸パソコンやタブレットのブラウザで Google ドライブ内にある画像（PNG や JPEG）や PDF を選択し、右クリック（PC の場合）して「アプリで開く」をクリック。すると開くアプリが表示されるので、「Google ドキュメント」を選択する。

❹すると自動で OCR がはじまり一瞬で画像とテキストが上下に表示される。スマホで撮影した画像や紙をスキャンした PDF の OCR は誤字等もあるが、ホームページ等にある PDF のファイルならほぼ完璧にテキスト化できることが多い。

抽出されたテキストデータ

STEP 2 実践編

❶ 段組されているテキストは1
段ずつ写真を撮って作業する。
文字を読み取らない段落はコ
ピー用紙などで隠して撮影する
とよい。

東奥義塾百年の歩み

昭和 47年10月12日(木曜日)

>稽古館の設立

寛政八年(一七九六) 六月二十一日稽古館が、津軽九世寧親 (やすちか)公により設立
された。

すでに藩政時代の末本から、若い俊秀を先進の各地に留学させ、それまでの闇
学にかえて英学の修 業に主力をそそぎ、新しい文化の吸収につとめていた。藩
主承昭(一つぐあきら)は、深く文教に意を用い、新時代に適したより高度な内
容を指した学寮を開設する必要を痛感していた。そこで学芸の先 進地から、英
学と漢学の教師団を招き、明治四年に敬応書院を開設 し、これに英学寮と漢学
寮をおき 藩の秀才を選抜し、公費で学習を 行なわせた。

明治四年(一八七一年)廃藩置 県と学制頒布のため、すべての藩 「学は県の管轄
に切りかえられるこー とになり、弘前漢英学校は私費に よることになった。こ
の切りかえは、伝統に輝く稽古館の事実上の 消滅を意味するものであった。し
かし、藩校の私的な施設として二 つの学寮は存続し、その教授と学一 習は続け
られた。

　　過去に自分でつくった文書はもちろんのこと、通
達文書や前任者から引き継いだ紙ベースの書類をも
らった際にも威力を発揮します。もう、紙を見なが
らテキストを打ち直す作業は、絶対に避けましょう。
この「画像化・PDF化」⇒「Google ドライブに保存」
⇒「Google ドキュメントで開く」という「黄金パ
ターン」を自分の校務・授業に取り入れていけば、
確実に事務作業は減ります。　　　　　　（井上）

28

引継ぎはボタン 1 つで OK

「ドライブ共有」

こんな「困った」ありませんか？

● 教材や資料を他の教師と共有したい

定期的な人事異動により、経験の有無に関わらず、教師は様々な校務分掌に携わります。そんな中で、年度末におこなわれるのが「校務の引き継ぎ」。引き継ぎを受ける際に、長い年月をかけて受け継がれてきた膨大な紙資料を目の前にどんと積まれ、うんざりすることがあります。分掌業務を次年度以降も円滑に進行するためにも、ノウハウは後任にそのまま引き継ぎたいものです。

ICT でこんな校務に変わる

● 資料作成した教師が異動した後も校内で共有できる

膨大な資料も、ドライブ共有をすれば、一瞬で共有することができます。たとえ担当の教師が異動しても、必要な資料やこれまで培ったノウハウは校内に残ります。また、オンライン上で管理することで収納棚もすっきりします。

● 作成した資料を容易に分類できる

学校では、授業で使うプリントや資料、学年や校務分掌で使うお知らせや実施要項など、毎日様々な文書が作成されます。フォルダを使って、文書を項目別に分類することで、必要な文書を探す手間も減ります。また、オンライン上であれば、ワード検索機能を使うことで、必要な文書をかんたんに見つけることができるようになります。

使う
ツール
Google ドライブ

キーワード検索で必要な資料を
すぐ抽出できる！

人が異動しても
データは学校に
残る！

実践のポイント

● 共有「ドライブ」と共有「アイテム」の違いを把握する
● 共有ドライブ内では、フォルダを用いて項目別に分類する

「ドライブ共有」のやり方

STEP 1 準備編

① 9点ドットを押す

❶ Google ドライブを起動する。「共有ドライブ」は個人の Google アカウントでは表示されないので学校の Google Workspace のアカウントで利用する。

②これを選択

❷**画面左側の「共有ドライブ」を選択。**

❸**画面左上の「新規」を押す。**

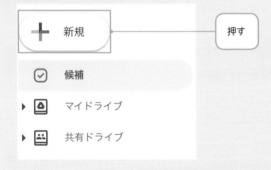

❹**ドライブ名を入力し、「作成」を押して、「共有」のドライブを作成する。**

❶ 右のような画面が立ち上
がるので、画面右上の「メ
ンバーを管理」を押す。

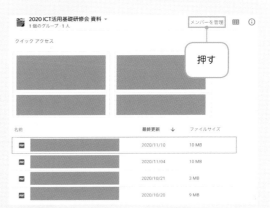

❷ 「ユーザーやグルー
プを追加」に追加し
たい人のGoogleア
カウント名または
メールアドレスを入
力。

❸ 権限を選択し、コメント等を入力。
・閲覧者＝ファイルを見るだけ
・閲覧者（コメント可）＝ファイルにコメン
トを入れられる
・投稿者＝ドライブに資料を追加できる
・コンテンツ管理者＝ドライブに資料を追
加、移動、削除できる
・管理者＝すべての権限をもちコンテンツ管
理者、投稿者、閲覧者も設定できる

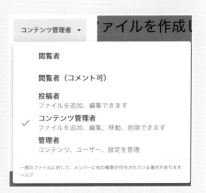

❹送信を押すと、相手先へ「招待メール」が送信される。

❺招待メールを受け取った側は、メール内の「共有ドライブを開く」を押す。

STEP 3 展開編

❶共有ドライブ内のファイル・フォルダがメンバー内で共有される。

応用編

・共有ドライブ内のファイル・フォルダは、作成者が共有を外れても他のメンバーに共有され続ける。
・検索機能を使うことで、必要なファイルやフォルダをかんたんに探し出せる。

ここにキーワードを入力

実践者
からの
ワンポイント
アドバイス

Google ドライブは資料の修正やデータ分析などをすべてオンライン上でおこなえます。また、検索機能を使えばお目当てのものがすぐに見つかるといったメリットもあります。Google ドライブの「共有ドライブ」は、これまで培ってきたノウハウを共有し、学校の発展に活かしていく、そして現場で働く教員一人ひとりの働き方を改善していくのに最適のツールだと考えます。私の勤務校では、校務で必要な書類等の共有のみならず、日々授業で使用するスライドやプリント、各種アンケートの集計データなども共有しています。そのおかげで、学年や教科、立場に関わらず、オープンにコミュニケーションする様子を見かけることが増えてきました。　（田中）

29 職員室がひたすらハッピーになる
「時短ペーパレス職朝・職会」

こんな「困った」ありませんか？

● 早く教室にいきたいのに職員朝礼が…

朝の定時に教職員全員が職員室に集まって朝礼をおこなっている学校は多いですよね。教頭や教務主任などから口頭で連絡事項が伝達され、それをメモして教室にいき、子どもたちに連絡する。大切なのは分かりますが、この職員朝礼の時間はどうにかして短縮できないものでしょうか。

● 職員会議の資料が多くて時間も長い

放課後の職員会議では配布された資料をもとに報告や審議を進めます。しかし、大量の資料の説明に時間がかかり、議論の時間がなくなることもあります。

ICTでこんなに変わる

● 職員朝礼の時間がほぼゼロに

Google Classroom などの連絡ツールは本来は授業やクラスなど、教師と子どもの双方向の連絡を円滑にするために使うことが多いですが、これを職員間のコミュニケーションツールとして活用すれば、職員朝礼の時間が劇的に短縮され、しかもペーパレスが実現します。読んで分かるような全体連絡はすべて Classroom に事前に掲載しておきます。教師はそれに目を通しておき、自分の端末をもって教室に早めに向かうことができます。朝の会は端末を見ながら、子どもたちに必要事項を伝達。子どもたちと向き合う時間が増えること間違いありません。

必要な連絡はすべてオンラインで！

実践のポイント

- Classroom には、簡潔に連絡事項や資料を記載する。
- 連絡事項の内容や投稿する人によって、トピック分け（カテゴリー分け）すると便利。
- 「予定の投稿」機能を使うと事前に資料を投稿できる。

「時短ペーパレス職朝・職会」のやり方

STEP 1 準備編

❶ **Chrome ブラウザで Google アプリを確認する。**
※スピードや互換性の関係で Chorme ブラウザを推奨します。

① 9点ドットを押す

② これを選択

❷「クラス」を作成する（例「2021年度教職員全体連絡」など）。

「＋」→「クラスを作成」を押す

❸「クラス」が完成する。

タイトルを入力

❹教職員をクラスに招待する。招待された教師はGoogleアカウントで登録する。

①「メンバー」を押す

②ここを押すとメンバーの招待画面が出てメールで招待状を送ることができる

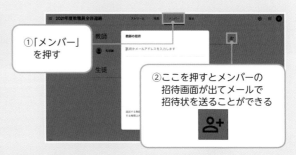

STEP 2 実践編（職員朝礼編）

❶「授業」のタブを押し「資料」に連絡事項を書き込む。

①「授業」を押す

②ここを押す
＋ 作成

③これを選択
📄 資料

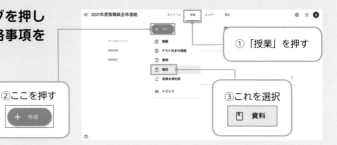

❷下の画面になるので、「トピック（カテゴリー）」を作成しておき、トピックを選ぶ（ここでは「職員朝礼」を選ぶ）。資料は 20 個まで添付することができる。

③「予定を設定」を押す

②必要事項を記入

①トピックを選択（初回は作成）

資料を追加したい場合

❸「予定を設定」機能を使って連絡事項を投稿する（指定した日時になったら掲載される）。

STEP **3** 展開編 （職員会議編）

毎朝「授業」タブを押し「職員朝礼」というトピックを選ぶと、その日の連絡事項が表示されるので各自目を通す（朝礼自体はやらなくてすむ）。

実践者
からの
**ワンポイント
アドバイス**

　朝礼や職員会議をオンライン化すると、はじめは戸惑う先生も多いですが、慣れるとその便利さにやめられなくなるでしょう。また添付する資料も、文字中心のプリントだけでなく、写真や動画、プレゼンテーションなどあらゆる資料を掲載するとより分かりやすく簡潔に内容が伝わると思います。働き方改革を進めて、子どもたちと向き合う時間や授業準備の時間を十分に確保したいですね。　　　　（和田）

おわりに―

「教師」という素晴らしい職業を、より素晴らしくするために

　本書を最後までご覧いただき誠にありがとうございました。役に立つ実践はありましたでしょうか？

　この本では、GIGA スクール構想により１人一台配備された端末をどのように活用したらいいのか悩んでいる先生方に向けた「授業改善」の手段として、ICT の活用方法を提案してきました。授業がどんなふうに変わるのか、子どもにどんな資質・能力が育つのか、などを具体的に示すことで、ICT の活用そのものが目的化しないように工夫したつもりです。

　執筆陣は Google for Education 認定イノベーター、認定トレーナー、認定コーチ、Microsoft 認定イノベーター、ロイロノートスクール認定ティーチャーやシンキングツールアドバイザーなど、ICT 教育の達人たちです。でも、この先生方も最初はもちろん ICT 初心者でした。各自が ICT を導入後、いくつもの失敗を経験しながら、少しずつスキルを習得していったのです（今回は、各自がその過程を思い出しつつ、現在困っている先生方のことを考えながら原稿を執筆しました）。

　本書の結びとして、そんな「達人」たちが試行錯誤しながら辿り着いた、「ICT 活用の４つの極意」を紹介します。

極意 ① まずは「真似」から！

　本書でご紹介した実践はもちろんのこと、身近にいる ICT が得意な先生の実践でも構いません。気に入った ICT の活用方法を見つけたら、まずはそのまま真似してみることをおすすめします。なぜなら、先進的に ICT を活用してきた先生方は、さりげなく小さな工夫をいくつも散りばめていて、そのまま授業で真似してみて、初めて気づくこともあるからです。きっと、ICT 活用の勘所が分かるようになりますよ！

極意②　なれたら自分流に応用する

いくつか真似をしてみたら、次は色々と自分流に応用して実践してみてください。徐々に自分なりのノウハウが生まれてくるはずです。

その際に、「効率化」という観点から考えてみると、活用のアイデアがどんどん生まれます。例えば、職員会議の資料をペーパーレスにするなど、徹底的に業務の効率化を図るためにできることを考えてみましょう。同様に、授業のペーパーレス化や、板書をプロジェクターに投影して教師が黒板と向き合う時間を削減するなど、授業の効率を追求してみましょう。もちろんここは「手書きしないと！」って局面もあると思うので、うまくデジタルと手書きを組み合わせてくださいね。

極意③　「子どもが使う」方法を考える

授業の進行に余裕ができたら、子どもが ICT を活用して行う「表現活動」をなるべく多く入れることを考えてみてください。プレゼン、ムービー作成など子どもたちがワクワクする課題を盛り込めたらいいですよね！　学ぶことが好きになる活用法がきっとあるはずです。

極意④　先生方と共有する

最後に、うまくいった実践があればぜひ校内で共有してください。ICT の活用は教科の枠を超えます。「TTPS（徹底的にパクってシェア）」の文化を生み出せたら最高です。

まずは真似から入り、独自のノウハウを生み出し、それを共有する。なんだかスポーツが上達する流れと似てますね。

スポーツは楽しくないと長続きしません。これは ICT 活用も一緒です。本書を参考にしながら、さまざまな ICT 活用を楽しみながら挑戦してみてください。きっとワクワクする発見があるはずです。

2021 年 10 月　　**野中　健次**

【著者プロフィール】※執筆者代表以外は五十音順

和田誠（わだ・まこと）＜執筆者代表＞
愛光中学・高等学校教諭。Google 認定トレーナー / イノベーター、ロイロ授業デザイントレーナー。

井上嘉名芽（いのうえ・かなめ）
東奥義塾高等学校教諭。Google 認定コーチ / 認定トレーナー、AEL、MIEE、MCE、ロイロ授業デザイントレーナー。

内田卓（うちだ・すぐる）
つくば市立吾妻小学校教諭。MIEE、MCE、ロイロシンキングツールアドバイザー / 認定 Teacher。

梅下博道（うめした・ひろみち）
ノートルダム学院小学校教諭。ロイロシンキングツールアドバイザー / 認定 Teacher・LEG 京都 / GEG 琵琶湖。

黒川智子（くろかわ・ともこ）
福岡県行橋市教育委員会・ICT 教育推進員・学校法人東九州龍谷高等学校 ICT 活用アドバイザー、ロイロシンキングツールアドバイザー / 認定 Teacher、LEG Fukuoka and All Kyushu。

田中忠司（たなか・ただし）
日本大学高等学校・中学校教諭。MIEE、MCE、GEG 浅草 /LEG 新宿リーダー。

長坂綾子（ながさか・あやこ）
日本大学三島高等学校・中学校教諭。ロイロシンキングツールアドバイザー / 認定 Teacher。

野中健次（のなか・けんじ）
株式会社わけわけ代表取締役。熊本市情報化推進アドバイザー、枚方市 DX アドバイザー、交野市 ICT 利活用アドバイザー・

松田純子（まつだ・じゅんこ）
雲雀丘学園小学校教諭、ロイロシンキングツールアドバイザー / 認定 Teacher・SDGs for School 認定エデュケーター。

山田国枝（やまだ・くにえ）
北名古屋市立五条小学校教諭。Google 認定イノベーター、MIEE、Microsoft Certified Educator。

祐源愛（ゆうげん・あい）
常総学院中学校・高等学校教諭。Google 認定トレーナー / イノベーター・Kami hero・Microsoft Certified Educator。

【協力】
板場衣世（いたば・きぬよ） キャリアメンター / 元中学校教諭
谷正友（たに・まさとも） 奈良市教育委員会事務局学校教育課情報教育係長、文部科学省 ICT 活用教育アドバイザー委員

教師のこんなことしたい！を実現できる
ICT "超かんたん" スキル

2021年12月4日　初版発行
2023年12月25日　第3刷発行

著　　者：和田誠（執筆者代表）
発　行　者：花野井道郎
発　行　所：株式会社時事通信出版局
発　　売：株式会社時事通信社
　　　　　〒104-8178　東京都中央区銀座5-15-8
　　　　　電話03(5565)2155
　　　　　https://bookpub.jiji.com/

編集担当　大久保昌彦
デザイン／DTP　株式会社イオック
印刷／製本　株式会社太平印刷社

©2021 WADA Makoto
ISBN978-4-7887-1795-4　C0037　Printed in Japan